5000만 원으로
트렌디한
음식점
창업하기

5000만 원으로
트렌디한

음식점
창업하기

한국창업컨텐츠연구소(KSCP) · 김영보 지음

한스미디어

음식점 창업, 나도 할 수 있을까?

바야흐로 맛집 전성시대다. TV에는 독특한 메뉴를 선보이거나 가격파괴 음식점이 속속 등장한다. 온라인 블로그를 통해 맛집으로 알려지면 하루아침에 소위 '대박 음식점'으로 돈을 벌기도 하는 시대가 됐다. 창업자들의 생계 수단이었던 음식점이 외식문화의 영향으로 이제는 인기 창업 아이템이 된 것이다.

요즘은 40~50대뿐 아니라 20~30대 젊은이들도 음식점 창업에 뛰어들고 있다. 미래가 불안정하고 평생 직업의 개념이 사라지면서 창업을 꿈꾸는 이들이 늘고 있는 것이다. 앞으로 외식 수요가 꾸준히 있는 한, 음식점 창업에 도전하는 이들 역시 점점 많아질 것이다.

음식점 창업의 장점은 다른 아이템에 비해 투자비용이 그리 많지 않다는 것이다. 최소 3000만 원에서 5000만 원만 있으면 누구나 창업할 수 있으므로 요리 실력과 장사 요령이 있다면 한 번쯤 도전해볼 만한 아이템인 것은 분명하다. 음식점은 특히 다른 업종에 비해 이익률이 평균 65~70%로 높은데다가 인건비를 절약하거나 메뉴의 부가가치를 확보하는 등 가격 형성 요인을 조절할 수 있어서 이익을 내기 쉽다.

하지만 진입 장벽이 낮다면 그만큼 경쟁이 치열할 수밖에 없다. 하루에도 수십 군데의 음식점이 생기지만 그만큼 많은 가게가 문을 닫는 것도 현실이다. 관건은 손님이 오고 싶은 음식점, 단순한 먹을거리가 아닌 음식 이상의 부가가치를 파는 음식점을 만드는 일이다. 어떻게 하면 좋을까?

성공하는 음식점에는 세 가지 요소가 있다. 장소와 서비스, 그리고 분위기이다. 사람들이 음식점에서 하는 불평은 흔히 '음식은 맛있는데 서비스가 별로다'라거나 '가격은 저렴한데 음식이 맛이 없다' 등이다. 쉽게 말해 고객의 편의를 생각하지 않고, 돈벌이의 관점에서 음식점을 운영한다면 고객은 이를 금방 알아챈다.

그래서 음식점은 청결한 장소와 적절한 분위기, 그리고 서비스가 뒷받침되어야만 매출을 올릴 수 있다. 맛은 그다음 문제다. 장사가 잘되는 가게와 그렇지 않은 가게의 차이는 이러한 세 가지 요소에서 발생한다.

음식점 경영을 한마디로 정의하면 '나만의 개성을 가진 음식으로 부가가치를 만드는 것'이라고 할 수 있다. 어떤 가게라도 모든 고객을 만족시킬 수는 없다. 만약 열 명 중 8~9명에게 인정받으려는 가게가 있다면 그곳은 개성이 없는 가게가 되기 쉽다.

특히나 소자본 창업자라면 더더욱 다른 사람들의 아이템으로 승부하려는 생각을 버려야 한다. 김밥집을 창업한다면 '어떤 김밥'이냐가 중요할 것이며, 한식집이라면 '어떤 김치찌개'이냐가 성공의 핵심 포인트가 될 것이다.

이 책은 성공의 방법론을 그대로 가르쳐주기보다는 성공한 음식점의 경쟁력을 요약함으로써 나만의 가게를 창업하는 데 필요한 정보들을 담았다. 남들이 하는 걸 똑같이 따라 하려는 창업자라면, 이 책이 별로 도움이 안 될뿐더러 성공과도 거리가 멀어질 것이다. 손님이 즐겨 찾는 가게, 1~2년이 아닌 10년 이상을 내다보는 경쟁력 있는 음식점을 창업하려는 이들이라면 이 책에 소개된 창업 사례들이 큰 도움이 될 것이라고 확신한다.

식당 창업 성공률 8%, 식당 창업자 중 3년 내 폐점하는 이들이 과반수에 달하고 청년실업자와 은퇴자마저 식당 창업으로 뛰어드는 시대다. 바야흐로 식당 창업자 전성시대라고 부를 만하다. 마우스 클릭 한 번이면 온갖 정보를 검색할 수 있는 세상이라고 해도 막상 창업자들에게 도움이 될 만한 실전 창업 정보는 찾기 어렵다.

이 책에서는 예비 음식점 창업자들에게 도움이 될 만한 정보를 얻기 위해 발로 뛰며 실제 식당을 창업한 이들을 취재한 내용을 담았다. 한우부터 돼지갈비와 삼겹살, 초밥, 족발, 순댓국, 칼국수, 손 반죽 국수, 떡집으로 분류해서 각 업종을 대표하는 식당 사장과 인터뷰를 통해 창업에 관한 구체적이고 세밀한 내용을 정리했다. 예비 창업자들이 식당을 창업하는 데 유용한 내용만 담았다고 자부한다.

필자는 식당 창업에서 가장 중요한 점은 자신에게 가장 잘 맞는 업종을 선택해 메뉴를 연구하고 경영에 대한 경험을 쌓는 것이라고 본다. 그런 다음 현재 자신이 가진 자금에서 최소한의 범위를 정해서 시작하는 게 안정적이다. 무엇보다 중요한 것은 창업 이후 성공한 식당으로 만들어나가는 과정이다. 필자는 취재 과정에서 성공한 식당에는 공통점이 있다는 것을 알았다. 그것은 맛있고 푸짐하며 값이 저렴한 식당, 서비스가 친절한 식당이었다.

무척 단순해 보이지만 실제로 이를 실천하는 것은 결코 만만한 일이 아니다. 하지만 이 원칙을 확보하면 고객의 가격대비 만족도가 높아지고, 고객은 식당을 입소문 내므로 사장은 장사에만 집중하면서 돈을 벌 수 있다.

음식점 성공의 노하우는 고객의 입소문이다. 맛있고 양이 많고, 친절한 식당은 아무리 먼 곳에 있어도 고객이 제 발로 찾아오는 법이다. 말보다는 실천이 중요하다. 지금부터 시작이다. 대박 식당으로 향하는 길은 멀고 험하지만, 이 책에서 소개된 내용만 숙지하고 있다면 생계형 창업으로 성공할 가능성이 높아질 것이다.

김영보

Contents

Part 01

사장님이 들려주는 리얼 창업 스토리

Part 02

실전에서 바로 써먹는 알짜배기 창업 수칙

음식점 창업자를 위한
체크리스트

창업 준비

- 사업가로 성공하겠다는 강한 의지가 있는가?
- 음식점 사업에 대한 목표가 확실한가?
- 시장 조사는 충분히 해보았는가?
- 상위 10%에 해당하는 음식점으로 만들 수 있는가?
- 창업을 하기 위한 탐색과 정보 수집을 충분히 했는가?
- 음식점을 해야 하는 분명한 이유가 있는가?
- 치열한 경쟁에서 살아남을 자신이 있는가?

아이템 선정

- 창업자 자신의 능력과 조건에 적합한 아이템인가?
- 신규 창업자가 도전할 수 있는 틈새 아이템인가?
- 마진율을 철저하게 따져보았는가?
- 점포 위치를 신중하게 결정했는가?
- 지역의 특성을 확인했는가?
- 지역에 아이템을 소비할 만한 유동인구가 있는가?
- 유행에 영향을 받는 아이템은 아닌가?
- 관리와 운영을 쉽게 할 수 있는 아이템인가?
- 해당 아이템의 차별화된 경쟁력을 갖추고 있는가?
- 해당 아이템의 향후 발전 가능성을 검토해보았는가?

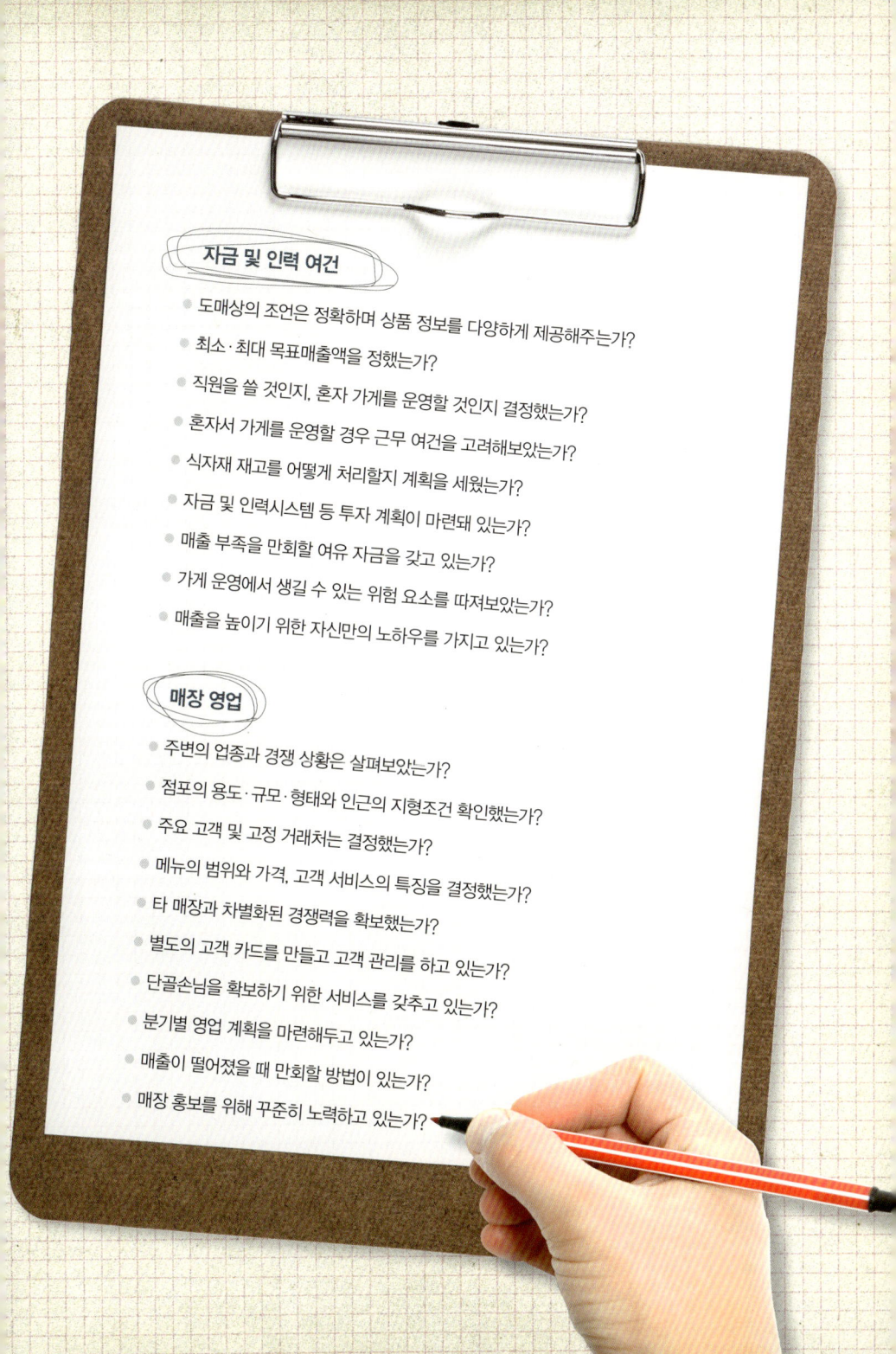

자금 및 인력 여건

- 도매상의 조언은 정확하며 상품 정보를 다양하게 제공해주는가?
- 최소·최대 목표매출액을 정했는가?
- 직원을 쓸 것인지, 혼자 가게를 운영할 것인지 결정했는가?
- 혼자서 가게를 운영할 경우 근무 여건을 고려해보았는가?
- 식자재 재고를 어떻게 처리할지 계획을 세웠는가?
- 자금 및 인력시스템 등 투자 계획이 마련돼 있는가?
- 매출 부족을 만회할 여유 자금을 갖고 있는가?
- 가게 운영에서 생길 수 있는 위험 요소를 따져보았는가?
- 매출을 높이기 위한 자신만의 노하우를 가지고 있는가?

매장 영업

- 주변의 업종과 경쟁 상황은 살펴보았는가?
- 점포의 용도·규모·형태와 인근의 지형조건 확인했는가?
- 주요 고객 및 고정 거래처는 결정했는가?
- 메뉴의 범위와 가격, 고객 서비스의 특징을 결정했는가?
- 타 매장과 차별화된 경쟁력을 확보했는가?
- 별도의 고객 카드를 만들고 고객 관리를 하고 있는가?
- 단골손님을 확보하기 위한 서비스를 갖추고 있는가?
- 분기별 영업 계획을 마련해두고 있는가?
- 매출이 떨어졌을 때 만회할 방법이 있는가?
- 매장 홍보를 위해 꾸준히 노력하고 있는가?

Part

사장님이
들려주는
리얼 창업 스토리

01

안동돼지갈비

돼지갈비 전문점 | 서울 양천구 안동돼지갈비

호텔 주방장이 개업한 고깃집

- **이름** 안동돼지갈비
- **위치** 서울 양천구 목3동
- **개업** 2011년 11월 18일
- **보증금** 2000만 원
- **규모** 30평
- **메뉴** 한우육회, 양념돼지갈비

안동돼지갈비는 음식점의 성공은 맛이 좌우한다는 기본을 알려주는 곳이다. 등촌시장에 위치한 안동돼지갈비는 겉보기에는 평범한 돼지갈빗집과 다를 바 없지만, 배정환 사장의 확고한 신념과 음식 맛을 경쟁력 삼아 지방 손님까지 끌어들이는 맛집으로 인정받고 있다.

안동돼지갈비는 단골손님이 많은 식당이다. 장사 잘되는 음식점에는 으레 단골손님이 있기 마련이지만, 안동돼지갈비의 단골은 '갈비 마니아'라는 차이점이 있다. 이미 고기를 먹어볼 만큼 먹어본 이들이 서울에서 제대로 된 생갈비 음식점을 찾다가 정착한 곳이 안동돼지갈비다. 겉보기에는 별 특별할 게 없어 보일지 몰라도 13년 동안 조선호텔 주방에서 근무했던 배 사장의 아내가 밑반찬 하나까지 신경을 쓰고 있는 곳이다.

원래 점포는 허름한 선술집이었는데 가게 앞 통행량이 적어 매출이 제대로 나오지 않는 곳이었다. 누군가 이곳에서 장사를 한다면 주인이 상권을 살려놓아야 하는 입장이었다. 배 사장의 아내는 호텔 주방에서 일한 경험을 바탕으로 이곳에 갈비 전문점 창업을 결심했다.

처음에는 아이템 결정에 애를 먹었다고 한다. 음식점을 해야겠다는 생각은 했지만, 어떤 아이템이 장사가 잘될지 확신할 수 없었기 때문이다. 찜이나 해물 전문점을 하려고 했지만 재료비가 많이 들어가고 마진율이 낮아서 주변에서 모두 말렸다고. 반면 갈비는 대중적인 아이템이며 단체 술손님도 받을 수 있으므로 이를 선택했다. 어떤 아이템이든지 배 사장만의 남다른 손맛으로 장사를 잘해낼 자신은 있었다고 한다.

옆 가게 벽을 헐고
실내 공간을 넓혔다.

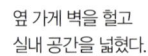

Points!

밑반찬을 직접 만들어 손님상에 정성스럽게 내놓는다.

우리 가게 인테리어 비용은?

천막·간판: 200만 원

전기·수도공사: 250만 원

테이블·주방집기 구입비: 700만 원

기타 비용: 400만 원

총: 1600만 원

그의 예상은 적중했다. 지역에 거주하는 손님과 직장인 단체손님은 물론, 멀리서 소개받고 찾아온 손님으로 매장은 늘 붐볐다. 지난 6월에는 단체 예약 손님을 더 많이 받기 위해 매장 내부 확장 공사까지 했다. 배 사장은 음식점 창업에 성공하려면 아이템에 관계없이 혼자서 가게를 꾸리더라도 잘할 수 있다는 확신이 들 때에만 창업해야 한다고 조언했다.

● 왜 이 점포를 선택했나?

나이 든 창업자에게 갈빗집은 쉽지 않은 선택이다. 영업시간도 길고 체력적 부담도 상당하다. 그래서 집에서 가까운 가게를 얻는 게 유리하다. 배 사장의 집도 등촌 시장에서 가까웠을 뿐만 아니라 상권도 좋아서 이 점포를 계약했다. 월세가 비교적 저렴한 것도 이유였다. 처음에는 가게가 허름한 게 마음에 들지 않았지만 욕심부리지 않고 노력하면 단골손님을 만들 수 있겠다고 판단했다.

처음에는 생각했던 것보다 인테리어에 손이 꽤 많이 갔다고 한다. 전기공사부터 주방 내부까지 수리하지 않은 곳이 없었다. 매장이 좁아 옆 매장과 벽을 트는 바람에 인테리어에 적잖은 비용을 투자했다. 매장 내부 수리와 간판, 주방 집기 구입에

점포 규모보다 실속을 따져라
요즘에는 큰 가게보다는 작지만 알찬 가게가 돈을 번다. 특히 갈빗집은 테이블 회전수보다는 테이블 당 객단가를 높일 방법을 고민하는 게 나을 때도 있다. 안동돼지갈비 역시 처음에는 10평 규모의 작은 매장으로 시작했다가 더 많은 고객을 받기 위해 옆 점포를 터서 확장했다. 하지만 매장이 클수록 인건비가 더 들고, 그만큼 관리와 노력이 필요하므로 사장이 가져가는 수익이 전보다 눈에 띄게 많아지지는 않았다.

큰 비용을 썼지만, 규모를 확장한 덕분에 가게는 전보다 훨씬
넓어 보인다.

● 내가 겪은 시행착오는?

무조건 저가로 승부를 겨루는 것보다 상권 고객의 씀씀이,
가게에서 파는 고기의 질을 생각해서 메뉴값을 매기는 게 낫다.

안동돼지갈비는 개업 당시 1인분에 9000원으로 갈비를
판매해 많은 손님을 끌어모았다. 하지만 손님들은 1인분에
1000~2000원의 가격 차이보다는 손맛을 더 중시한다는 걸 알
고 1인분에 1만 원으로 가격을 올렸다. 생고기를 판다는 점을
감안하면 주변 점포와 비교해도 그리 비싼 값이 아니었기 때문
이다.

배 사장은 메뉴에 자신이 있고 장사를 잘할 요령이 있다면,
처음부터 값을 싸게 매기는 것보다 적정가를 책정해서 파는 게
낫다고 했다. 메뉴값을 내리는 건 쉬워도,
올리는 건 쉬운 일이 아니기 때문이다.

● 메뉴·매출 관리

안동돼지갈비는 생생포크에서
출시한 암퇘지만 사용한다. 안동
고기를 선호하는 이유는 고기가 싱

음식 장사는
손맛이
중요하죠.

5000만 원으로 트렌디한 음식점 창업하기

육질이 좋은 한우와 암퇘지를 산지에서 직접 공급받는다.

싱하기도 하지만 질이 일정한 고기만을 공급받을 수 있기 때문이다. 안동돼지갈비는 원가에서 재료비가 차지하는 비중이 40%가량 된다. 재료비를 30% 이하로 맞추려고 했지만 쉽지 않았다고. 손님을 위해 질 좋은 재료만 고집하기 때문이다.

안동돼지갈비는 현재 아르바이트생 한 명을 쓰면서 부부가 함께 일하고 있는데, 두 사람의 인건비를 확보하기 위해서는 월 매출이 2000만 원을 넘어야 한다. 현재 한 달 동안 열심히 일했을 때 평균적으로 발생하는 매출이 1500만 원가량이다. 매장을 확장한 이후에는 월세가 두 배로 올라 가게를 유지하는 게 쉽지 않다고 한다.

창업 시크릿

실내 온도를 조절하라

생갈비를 취급하는 음식점은 고기의 신선도를 유지하는 게 생명이다. 온도 관리를 못 하면 갈비의 질에 악영향을 미친다. 보통은 냉장고에 고기를 넣어두면 알아서 신선도를 유지할 것으로 생각하지만 그렇지 않다. 실내 온도가 올라가면 냉장 온도 역시 함께 올라간다. 반대로 실내 온도를 낮추면 냉장 온도가 떨어진다. 그래서 냉장 온도를 맞출 때는 실내 온도를 함께 조절해야 한다.

● 나만의 영업 방법?

개업 당시 홍보의 필요성을 느껴 전단지를 돌렸다. 그때 50명 무료 식사를 경품으로 내걸었는데 생각보다 효과가 좋지 않았다. 음식점은 특별한 마케팅이 필요한 게 아니다. 그보다는 메뉴를 연구하고 음식 만드는 데 투자하는 게 더 낫다.

재료를 넣을 때는 정확한 레시피를 따라 만드는 게 중요하다. 배 사장은 정성을 다해 음식을 하고 어떻게 해야만 고객의

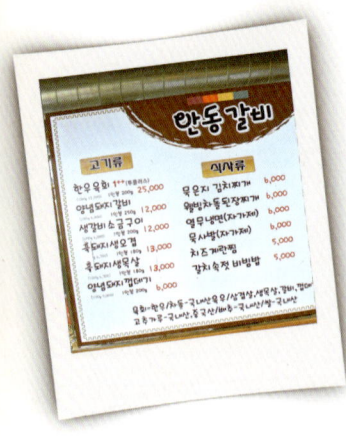

입맛에 맞을지 고민한다. 공이 많이 들어가는 음식은 깊은 맛을 낼 수밖에 없다. 배 사장은 일이 바쁜 와중에도 유명한 갈빗집을 찾아다니면서 음식 맛을 확인하고 가게에 반영할 점과 보완할 점을 고민한다고 한다.

원가에서 재료비가 차지하는 비중은 40%가량 된다.

나만의 필살기

조선호텔 주방에서 13년 동안 근무하며 다진 음식 실력이 가게를 운영하는 밑바탕이 된다. 하지만 좋은 실력을 갖춘 주방장이라도 질 좋은 재료를 쓰지 않으면 음식을 잘할 수 없다. 안동돼지갈비에서는 그날 아침에 도축한 신선한 고기만 쓴다. 도축한 지 하루만 지나도 들여오지 않는다. 육회는 한우 1++ 등급만 사용한다. 고기뿐 아니라 밑반찬 하나에도 정성을 쏟는다. 황태와 다시마 등 10여 가지 재료를 넣고 끓인 된장찌개, 직접 담근 홍어무침, 견과류를 넣어 만든 쌈장 등 짜거나 달지 않은 밑반찬으로 손님들의 입맛을 사로잡는다.

창업 비법 전수

음식은 정성이 중요하다. 성공하는 음식점은 주방장의 요리 실력이나, 좋은 재료만 가지고는 운영되지 않는다. 음식을 만드는 사람의 정성이 반드시 필요하다. 안동돼지갈비는 직송 받은 생고기를 바로 내놓지 않고 이틀 동안 숙성시킨다. 그래야 맛과 식감이 좋기 때문이다. 고기의 양념은 사과와 배, 파인애플 등 과일과 10여 가지 재료를 활용해 만든다. 이 때문에 달지 않고 깔끔하면서 은은한 맛을 낼 수 있다.

음식을 내놓을 때는 디테일한 부분까지 신경을 써야 한다. 안동돼지갈비는 돼지갈비에 굵은 소금만 뿌리는데, 소금은 신안 하의도에서 만든 천일염만을 사용한다. 밑반찬 중 하나로 묵이 나오는데, 이는 배 사장이 직접 쑤는 것이다. 어떤 사람은 가게에서 이틀에 한 번 묵을 쑤어 내놓는 게 귀찮지 않으냐고 하지만, 손님들은 이런 부분에 꽤 많은 점수를 준다고 한다.

이런 사람이 창업하라

음식점을 경영해보지 않았더라도 음식에 대한 애정이 있는 사람이 창업하는 게 좋다. '나는 할 줄 아는 게 음식밖에 없어서 장사한다'거나 '먹고 살기 위해서 음식점을 한다'고 하면 돈을 벌기 어렵다. 좋아하는 일에 매진하고 성실할 때만 음식점으로 돈을 벌 수 있다. 체력이 좋고 성실한 사람이면 유리하다.

월 매출액: 2200만 원 내외
임대료: 140만 원
재료비: 900만 원 내외
인건비: 220만 원
영업관리비: 100만 원
월 순수익: 800~900만 원 내외

안동돼지갈비

02

맛양값

수제떡갈비·칼국수 전문점 | 서울 마포구 맛양값

싸고 양 많고 값싼 음식점

○ **이름** 맛양값
○ **위치** 서울 마포구 망원동
○ **개업** 2013년 11월 27일
○ **보증금** 600만 원
○ **규모** 12평
○ **메뉴** 수제떡갈비, 칼국수, 냉면

맛양값은 눈에 잘 띄거나 유명 주방장이 있는 음식점이 아니다. 그야말로 평범한 사람이 만드는 평범한 음식으로 성공한 가게다. 단지 칼국수와 떡갈비 세트를 5000원에 판매하는 전략으로 입소문이 나서 하루 매출만 200만 원이 넘는 알짜배기 매장이 됐다.

정순범 사장은 망원동에서 식당을 하며 오랫동안 떡갈비 장사를 했다. 그전에도 분식집, 한식집 등 여러 가지 장사를 했는데 문 여는 곳마다 '대박집'으로 인기를 끌었다. 그는 어떻게 하면 손님을 불러들일 수 있는지를 아는 사람이다.

'맛양값'이라는 상호는 '맛있고 양 많고 값이 싼 음식점'이라는 뜻. 지구촌에 있는 모든 사람이 음식점에 공통적으로 바라는 것이 바로 이 세 가지라고 생각했던 그는 떡갈비와 궁합이 잘 맞는 칼국수를 세트 메뉴로 팔겠다는 아이디어를 떠올렸다. 칼국수와 떡갈비의 조합은 생소한 듯 보였지만, 칼국수만 먹었을 때 느껴지는 허기짐과 떡갈비만 먹었을 때 느껴지는 퍽퍽함을 상쇄할 최적의 궁합이라고 믿었다. 주변에서는 떡갈비와 칼국수가 서로 어울리지 않는다며 반대했지만, 정 사장은 칼국수와 떡갈비 세트 메뉴를 한 끼 밥값인 5000원에 팔아보겠다는 아이디어를 밀어붙였다.

그는 성공을 확신하고 곧바로 메뉴 개발에 돌입했다. 원가 분석과 하루 예상 매출을 감안했을 때 괜찮겠다는 결론을 내렸고, 망원시장 내 반지하 가정집을 개조해 음식점을 개업했다. 집주인에게 '음식점을 할 테니 1층을 개조할 수 있게 해달라'고 했더니 집주인이 보증금으로 500만 원을 요구했다. 애초에 장사할 자리가 아니었기 때문에 상대적으로 저렴한 보

신문에 맛집 기사로 실린 것을 스크랩했다.

Points!

칼국수와 떡갈비 세트 메뉴를 한 끼 밥값인
5000원에 판매한다.

Shop

우리 가게 장비 구입 비용은?

천막·간판·시공: 330만 원
철거공사·전기공사·가스공사: 650만 원
반죽기 구입비: 45만 원
냉장고 구입비: 60만 원
주방집기 구입비: 150만 원
테이블 및 의자, 수저 구입비: 150만 원
기타 집기 구입비: 200만 원
총: 1585만 원

증금에 가게를 내놓은 것이다. 정 사장은 보
증금은 얼마든지 줄 테니 장사를 할 수 있게
해달라고 해서 허락을 받아냈다.

그는 허름한 곳에서 장사해도 성공할 수
있다는 걸 많은 이들에게 보여주고 싶었다고
한다. 소비자는 값이 싸고 양이 많으면서 맛
있는 맛양값의 입소문을 듣고 몰려들었고,
정 사장의 예측대로 월 매출 7000만 원을 올
리는 유명 음식점이 되었다. 뚜렷한 콘셉트
와 확실한 경쟁력, 그리고 철저한 원가 분석
을 토대로 한 전략이 있었기에 성공할 수 있
었다.

● 인테리어 어떻게 할까?

'버린 물건도 정리정돈을 해놓으면 예쁘다'는 철학을 가진 정
사장은 서민 음식인 칼국수를 팔면서 인테리어에 많은 돈을
투자하는 게 뭔가 맞지 않다고 생각했다. 인테리어에 많은 돈
을 들이지 않는 방법은 실내를 깔끔하고 청결하게 유지하는 것
이다. 맛양값은 오래된 낡은 집을 개조해 가게로 만들었기 때
문에 철거비가 많이 들었다.

하지만 그 밖의 주방집기나 물건은 값이 저렴한 중고를 구
입했다. 황학동 시장에서 구입한 수저는 하나당 200원꼴이다.

음식점에서 사용하는 물건은 새것을 구입해도 결국 중고로 바뀐다는 생각에 최대한 저렴한 물건을 구입했다. 다만 반죽기는 반죽하는 기계 힘이 세야 하므로 새것으로 구입했다. 가격 대비 품질이 좋은 집기를 구입하려면 발품을 많이 팔아야 한다.

● 내가 겪은 시행착오는?

음식점은 일하는 사람이 가게를 만들어가는 곳이다. 어떤 직원과 함께 일하느냐에 따라 가게 매출이 좌우되고, 가게의 이미지도 달라진다.

맛양값은 떡갈비 스테이크와 칼국수를 함께 만들므로 일이 고된 편이다. 처음에는 정 사장도 20대 남자를 직원으로 두었으나, 근태가 불량하거나 일을 제대로 소화하지 못하는 등 문제가 많았다. 떡갈비 스테이크는 손님에게 갓 구운 고기를 제공해야 하는데도, 일이 바쁘다는 이유로 고기를 서둘게 구워서 가게에 쌓아두는 일이 다반사였다. 시간이 지날수록 젊은 직원보다는 50~60대 주부들이 일을 더 잘한다는 것을 알게 돼 요즘은 홀을 담당하는 주부 사원을 더 많이 채용한다.

● 메뉴·매출 관리

맛양값은 무게가 300g인 스테이크를 3000원

음식점 장사는 성실하지 않으면 성공할 수 없어요.

음식은 양이 많고 음식끼리 궁합도
잘 맞는다.

에 판매한다. 칼국수와 스테이크를 함께 주
문하면 칼국수 포함 총 5000원이면 된다. 이
렇게 저렴하게 팔아서 얼마나 남을까 싶은데
도, 정 사장은 원가분석을 철저히 해서 이윤
을 남겼다.

　매장에서 직접 반죽하는 칼국수 한 그릇
에 들어가는 면 재료는 원가로만 계산했을
때 300원 남짓이다. 직접 만든 떡갈비와 함
께 제공하면 세트 메뉴당 순이익이 재료비의
세 배를 넘는다고 보면 된다.

　떡갈비는 순 살코기를 사용하고 양념은
과일과 마늘 대파, 양파 등의 채소를 재료로 한다. 그리고 매
일 아침 직접 숙성해서 만들어놓고 주문이 들어오면 직접 구
워낸다. 기존의 돈가스와는 달리 고기에 빵가루나 전분, 달걀
등을 넣지 않아서 먹었을 때 위에 부담을 주지 않는다.

　칼국수는 직접 개발한 멸치육수에 식감이 쫄깃한 면발을 넣
어 만든다. 국물이나 면만 먹었을 때는 어딘가 허전한 느낌이
들기 때문에, 국물과 육수를 함께 먹었을 때 진하고 담백한 맛
이 나도록 궁합을 맞췄다. 정 사장이 떡갈비와 칼국수의 가장
완벽한 배합을 만든 것이다. 여름철에는 물냉면을 떡갈비와 세
트로 제공해 부족한 매출을 만회하고 있다.

창업 시크릿

음식점 경영은 엄연한 사업이다
맛양값처럼 칼국수와 떡갈비 스테
이크로 창업하고 싶다면 가족형으
로 하는 게 최선이다. 업종의 특성
상 주방과 홀 인력이 세 명 이상 필
요한데 가족이 함께 창업하면 인건
비를 줄일 수 있고, 가족이 순수익
을 고스란히 가져갈 수 있기 때문
이다. 20평 규모의 매장에서 부부
가 함께 가게를 운영했을 경우에는
5000만 원으로 무리 없이 창업이
가능하다.

● 나만의 고객 관리법?

맛양값은 음식값이 선불이고 모든 반찬이 셀프 서비스이다. 고객은 음식점에서 파는 메뉴에 만족하면 다른 서비스에는 크게 이의를 제기하지 않는다.

맛양값을 찾는 고객은 평일에는 주로 지역 주민과 직장인이며 주말에는 가족 단위가 많은 편이다. 방송에 나간 이후로는 멀리서 찾아오는 고객이 있을 정도이고, 학교나 교회에서 단체로 예약하고 와서 먹는 경우도 있다.

정 사장은 어떤 고객이 와도 가게 앞까지 나가 인사하고 배웅한다. 고객의 얼굴을 기억하고 안부를 묻는 것은 기본이다. 고객에게 최고의 음식을 제공하는 것이 최고의 마케팅이라고 믿는 그는 입소문을 통해 찾아온 손님을 또 다른 단골손님으로 만든다. 명절을 포함해 연중무휴로 영업하는 것도 맛양값의 특징이다.

반죽기로 면을 뽑고, 떡갈비는 매장에서 직접
만들어 원가를 절감했다.

나만의 필살기

음식점은 틈새 창업이다. 우리나라에 수많은 음식점이 있지만 맛양값이 잘 되는 이유는 분명한 콘셉트와 경쟁력을 갖췄기 때문이다. 칼국수 한 그릇에만 5000원이 훌쩍 넘는 시대에 떡갈비와 칼국수를 5000원에 제공하는 파격적인 가격, 그리고 몸에 좋은 재료로 맛과 영양을 동시에 만족시키는 것이 맛양값의 경쟁력이다. 대표 메뉴 한 가지를 내세워 판매하는 것이 여러 가지 메뉴를 동시에 파는 것보다 낫다. 맛양값의 경우에도 주변에서 냉칼국수나 탕 종류 등을 추가하면 어떻겠냐는 제안이 있었지만, 단일 메뉴로 승부를 겨뤄야 한다는 방침으로 여름철을 제외하면 오직 칼국수와 떡갈비에만 집중하고 있다.

창업 비법 전수

음식점은 돈을 벌기 위한 장사가 아니다. 돈을 벌겠다는 생각으로 음식점을 하면 망하지만 음식 장사 자체를 즐기면 돈을 번다. 장사가 조금 잘 되면 욕심을 부려서 손님에게 야박해지는 경우가 있는데, 이때가 가장 조심해야 할 때다. 어떤 이들은 맛양값의 스테이크가 너무 크다면서 사장에게 양을 줄이라고 조언도 하지만 정 사장은 손님들에게 정직한 값을 요구하고 정직한 음식을 내놓는 게 중요하다고 강조한다. 손님이 남은 음식을 싸갈지언정 양을 줄여서 내놓는 것은 손님에 대한 예의가 아니라는 것이다.

이런 사람이 창업하라

매장을 열 때부터 좋은 점포를 얻기 위해 발품을 팔아야 한다. 돈이 없으면 몸으로 때워야 한다는 건 불변의 진리다. 싸고 좋은 점포를 얻는 것은 발품을 얼마나 많이 팔았느냐에 따라 결정된다. 하루에 가게를 100군데 이상 보지 않았다면 장사를 할 자격이 없다. 좋은 목을 볼 줄 아는 눈과 개업 준비로 며칠 밤을 새울 수 있을 정도의 강한 체력이 있다면 창업에 도전해도 좋다.

월 매출액: 7000만 원 이상
임대료: 60만 원
재료비: 2800만 원
인건비: 170만 원
영업관리비: 100만 원
월 순수익: 3800만 원 내외

맛양값

미홍

전통 떡 전문점 | 서울 마포구 미홍

빵집보다 잘 되는 떡집

○ **이름** 미홍
○ **위치** 서울 마포구 서교동
○ **개업** 2013년 8월
○ **보증금** 3000만 원
○ **규모** 9.5평
○ **메뉴** 떡, 눈꽃빙수, 단팥죽

떡 전문점은 음식점 창업 아이템 중에서도 최근 가장 주목받는 분야다. 떡은 빵과 달리 상대적으로 대중화되지 않은 반면, 우리 전통 음식으로서의 가치는 더욱 높아지고 있다. 미홍은 재료의 고급화를 통해 기존의 프랜차이즈 떡집과는 차별화된 경쟁력을 가진 매장이다. 떡은 마케팅이나 요령이 아니라 오로지 정성으로 승부해야 한다.

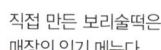

장사의 관점으로 봐도 떡은 '돈이 되는 아이템'이다. 빵에 비해 재료비가 많이 들지 않는데다 마진율도 높기 때문이다. 최근 생겨나는 떡 전문점은 주로 20대부터 40대까지 젊은 고객층을 겨냥한 곳이 많다. 기존의 방앗간과 떡집이 떡 그 자체에만 신경을 쓴 나머지 포장이나 손님맞이 같은 서비스에 소홀한 부분이 있었다면, 미홍은 '전통 떡의 프리미엄화'를 콘셉트로 내걸고 카페형 매장으로 고객을 맞이한다.

녹차와 호박을 활용한 설기떡은 메뉴 자체로는 특별할 게 없다. 하민채 사장 역시 메뉴의 다양화로 승부하려 했던 것은 아니었다. 메뉴의 종류는 적게, 메뉴의 질은 높게 만들어 건강한 음식과 보기에 예쁜 음식을 좋아하는 고객들을 주요 고객층으로 삼았다.

빵과 달리 떡은 지금까지는 '싼값에 먹을 수 있는 음식'이라는 고정관념이 있다. 빵을 종류별로 구입해 포장해가는 것처럼, 떡 또한 입맛에 따라 골라 먹을 수 있는 음식으로 만들겠다는 것이 하 사장의 욕심이다.

하 사장은 원재료의 차별화, 포장의 고급화, 그리고 메뉴의 전문화를 위해 떡 전문가인 한밭대 교수를 찾아가 기술을 사사했다. 하 사장은 대학 시절 미술을 전공했지만, 카페와 옷가게 등 장사 경험이 많은 어머니에게 떡 가게 창업을 권유받고 미홍을 창업했다.

직접 만든 보리술떡은
매장의 인기 메뉴다.

포장을 고급스럽게 만들어 상품의 부가
가치를 높였다.

우리 가게 장비 구입 비용은?

실내·외벽 및 바닥공사: 2700만 원

떡 기계 구입비: 500만 원

주방 집기 구입비: 800만 원

간판공사: 300만 원

전기·닥트 공사: 500만 원

총: 4800만 원

창업 첫 달에 손익분기를 넘어선 매출은 시간이 갈수록 조금씩 상승 곡선을 그리고 있다. 하 사장은 창업한 지 1년이 지난 요즘도 보리떡을 배우기 위해 시골 마을을 찾아갈 만큼 열정이 넘친다. 앞으로 미흥을 대한민국 대표 프리미엄 떡집으로 만드는 게 목표다.

떡집은 재료로 차별화해야 한다
미흥은 햅쌀을 사용하며 콩을 비롯한 모든 재료를 국내산만 고집한다. 콩고물이나 흑임자를 대량으로 공장에서 들여오는 곳도 있지만, 집에서 직접 만든 재료를 활용해 '건강한 떡집'이라는 콘셉트에 어울리는 메뉴를 완성했다.

● 왜 이 점포를 선택했나?

미흥이 입점한 메세나폴리스는 상권이 보장된 쇼핑몰이다. 쇼핑몰 안에서는 업종별로 한 브랜드가 독점 영업할 수 있는 구조다. 원래는 서비스와 메뉴의 질이 체계화된 프랜차이즈 매장만 입점할 수 있는데, 미흥은 오랜 준비 끝에 운영사인 GS건설의 입점 허가를 받고 9.5평 규모의 매장을 개업할 수 있었다. 메세나폴리스는 지하철 2, 6호선 합정역과 연결돼 있으며 아파트 입주민과 업체 직원 등의 고정 수요가 확보돼 있다. 인근 도시정비사업이 끝나면 아파트 입주 가족 단위 소비층이 늘어나므로 향후 사업 전망이 좋은 지역이기도 하다.

● 인테리어 어떻게 할까?

하 사장은 우선 '고급스러운 전통 떡집'이라는 콘셉트에 맞는

창업 시크릿

떡 가격을 두 배 높이는 법
어떤 물건이든지 상품화를 잘 하면 부가가치가 높아진다. 떡도 마찬가지. 떡을 비닐봉지에 담아서 판매하는 것과 정성스럽게 포장해서 파는 것은 상품 가격이 다르다. 떡을 포장해서 판다고 값을 비싸게 받을 수 있는 게 아니다. 주변 상권과 주요 소비 계층의 특성을 파악하고, 더 높은 가치에 돈을 지불할 만한 고객층이 확보되면 포장의 고급화로 상품가격을 높일 수 있다.

떡은 부가가치가 높은 상품이에요.

인테리어를 만들어나가는 게 급선무였다. 기존의 떡집보다는 고급스럽고, 음식점보다는 전통적인 느낌이 강해야 했기에 인테리어 업자를 선정하는 데에만 한 달 넘게 걸릴 정도로 애를 먹었다.

하 사장은 지인을 통해 미홍의 콘셉트를 정확히 표현할 수 있는 업자를 소개받았고, 2주 이상의 공사를 거쳐서 인테리어를 완성했다. 전통의 느낌을 살리기 위해 매장 외벽에 나무 질감과 꽃문양을 활용했고, 떡집이지만 갤러리에 온 듯한 분위기를 내려고 가로로 창을 길게 냈다. 의자와 테이블은 다른 매장에서 쓰던 것을 가져왔는데, 매장 인테리어와 적절히 섞여 조화를 이루어 고객들이 좋아한다고. 미홍이 추구하던 콘셉트를 정확히 이해하고 표현하려고 노력한 결과 만족할 만한 인테리어를 완성할 수 있었다.

● 내가 겪은 시행착오는?

하 사장은 주방 집기와 기계를 구입하는 데 불필요한 비용을 많이 썼다. 주변에서 떡집을 하려면 꼭 있어야 한다고 말한 목록을 보고 장비를 구입했다가 쓰지 않고 방치해둔 기계도 있다.

직접 만든 떡케이크는 맞춤형으로도 제작 가능하다.

쌀 씻는 기계를 예로 들자면 이는 떡을 대량으로 만드는 매장에서나 필요한 기계다. 하루 평균 100~200개를 생산하는 매장이라면 쌀 씻는 기계가 반드시 필요하지만, 미홍은 소량의 떡을 생산한다는 원칙으로 쌀을 씻을 때도 손으로 씻는 편이다. 다른 떡집에서 다 쓰는 장비라는 말을 믿고 무턱대고 불필요한 지출을 해서는 안 된다.

● 메뉴·매출 관리

미홍에서는 하루에 한 가지 메뉴당 아홉 개의 떡만 만든다. 정직한 재료를 써서 소량으로 판매하기 위해서다. 하 사장은 할머니가 농사지은 재료를 활용해 떡을 만들고 있다. 꽃잎을 활용한 떡이나 고추를 효소로 발효시켜 만든 떡은 다른 떡집에서는 볼 수 없는 미홍만의 메뉴다. 아직은 창업 초기라서 메뉴를 꾸준히 보완하는 중. 얼마 전에는 진달래로 만든 떡으로 품평회를 열어 고객들에게 좋은 반응을 얻기도 했다.

미홍은 여름철 매출을 보완하기 위해 팥빙수를 만들어 판다. 연유와 물을 첨가하지 않은 눈꽃빙수는 메세나폴리스 내에서도 유명하다. 주문 제작한 팥에 직접 만든 떡과 콩가루, 흑임자를 얹어 판매한다.

좋은 재료로 만든 떡이라 값이 저렴한 편은 아니다. 오메기

새로운 메뉴를 개발해야 가격을 올릴 수 있다

모든 일에는 명분이 필요하다. 어느 날 열 가지 메뉴의 값을 동시에 올리면 고객은 반발한다. 다섯 가지 신제품을 내놓으면서 나머지 다섯 가지 메뉴의 값을 올리면 반발이 덜하다. 고객이 신제품으로 관심이 분산되어 예전 제품의 가격이 올랐다는 점에 덜 민감해지기 때문이다.

떡, 모시송편, 손찹살떡 등은 하나당 2000~3000원 대에 판매한다. 단가에서 재료비 40% 정도를 뺀 것이 순수익인데 하루 평균 매출액은 약 60~70만 원 선이다. 개업 첫 달부터 손익분기를 넘어설 정도로 장사가 잘되는 편이라고.

작은 장식 하나에도 섬세함과 노련함이 필요하다.

● 나만의 고객 관리법?

미홍은 개업 이후 매장을 알리기 위해 홍보를 따로 하지 않았다. 떡집이니 시식회를 한 번 할 법도 하지만 홍보비용을 줄여 메뉴의 질을 높이는 데 주력했다. 그 덕분에 고객의 입소문으로 매장이 알려져 광고 효과를 얻었다고. 또한 맛집 블로거들이 찾아와 매장을 알린 덕분에 요즘에는 분당이나 수원에서 찾아오는 고객이 있을 정도다. 하 사장이 생각하는 가장 좋은 마케팅 방법은 떡의 상품가치를 최대한 높이는 것이다.

하 사장은 시루떡에 단호박과 오디를 사용하는 등 새로운 재료를 접목해 고객들에게 떡의 부가가치를 알리고 있다. 포장 또한 중요하다. 일반 떡집에서는 스티로폼에 포장해주는 반면, 미홍에서는 떡을 낱개 단위로 정성스럽게 포장해 별도로 제작한 포장지 안에 담아서 고객에게 전달한다. 고객이 구입한 것이 단순한 떡이 아니라 하나의 고급스러운 상품이라는 것을 보여주기 위해서다.

하 사장은 매장을 찾는 고객들과 수시로 소통하므로 고객

53

세트 판매로 선물용 상품 매출을 높였다.

관리를 따로 하지는 않는다. 떡을 구입하는 고객의 반응과 떡을 맛본 후 고객의 조언을 메모해 이를 메뉴에 즉각 반영한다. 미홍은 매일 새로운 떡을 만드는데 그날 판매되지 않은 떡은 매장 앞을 지나는 고객에게 선물로 나눠준다. 그 덕분에 미홍은 입소문만으로도 유명하다.

나만의 필살기

똑같은 것처럼 보이지만 떡집에서 판매하는 떡은 전부 맛이 다르다. 떡 다섯 개가 있다고 해도 고객은 한 가지 떡만 반복해서 구매하는 경향이 있다. 떡 맛을 좌우하는 간이 다르기 때문이다. 떡은 간을 어떻게 맞추느냐에 따라 맛이 확연히 달라진다. 미홍의 경우에도 하 사장이 보리떡 간을 맞추기 위해 떡 장인에게 기술을 전수받았을 만큼 떡 본래의 맛을 찾기 위해 노력하고 있다.

미홍에서는 떡을 만드는 온도와 시간, 손맛, 정성이라는 요소를 결합해 최고 수준의 떡을 만들어낸다. 이색적인 떡을 만들기 위해 매주 한 번씩 직원회의를 하고, 메뉴 개선을 위해 아이디어를 낸다. 최근에 개발한 오디 빙수의 경우 오디의 엑기스를 효소로 만들어 빙수에 올려보자는 아이디어를 구체화한 것. 한층 고급스러워진 고객의 입맛과 기분을 만족시키기 위해 노력하는 것이 하 사장의 성공 비결이다.

떡집 창업에서 가장 중요한 점은?

최근에는 먹을거리에서도 다품종 소량화가 인기다. 핵가족의 영향으로 1인 가구가 늘고 소비 단위가 축소되면서 떡 역시 소포장 단위로 판매해야만 승산이 있다. 똑같은 떡이라도 크기와 모양을 어떻게 만드는지에 따라 가격이 달라진다. 떡을 하나의 상품으로 만들 감각을 키우기 위해서는 부단히 연구해야 한다. 예를 들어 2000원짜리 떡 여섯 개를 판매할 때는 종류가 다른 떡 여섯 개를 골라 포장지에 담아주면 부가가치가 생겨 상품가격을 높일 수 있다. 고객에게 떡을 선택할 수 있게 해주고, 그것에 맞게 선물세트처럼 떡을 포장해주면 마진율도 덩달아 높아진다.

55

이런 사람이 창업하라

떡집 창업은 감각이 중요하다. 나이가 많다고 해서 감이 떨어지는 게 아니고, 나이가 젊다고 감각이 좋은 것도 아니다. '전통적이면서도 고급스러운 떡'을 어떻게 만들어낼 것인지에 대해 뚜렷한 비전을 가진 사람이 창업하는 게 좋다. 단순히 떡 장사로 돈을 벌려는 생각뿐이라면 망하기에 십상이다. 떡은 배우기도 어렵지만 실제 만드는 과정도 만만치 않다. 떡을 진심으로 좋아하지 않는다면 성공하기 어렵다. 가장 중요한 것은 고객들에게 정감을 줄 수 있는 마음가짐과 외모다. 사람들이 떡집에 기대하는 것은 '정情'이다. 남녀노소를 막론하고 누구나 편안한 마음으로 가게를 찾도록 장사할 수 있는 사람이라면 창업에 도전해도 좋다.

월 매출액: 2000만 원 내외
임대료: 320만 원
재료 구입비: 600만 원 내외
인건비: 250만 원
영업관리비: 300만 원
월 순수익: 400~500만 원

04

이용성 국수

국수 전문점 | 서울 양천구 이용성 국수

줄 서서 먹는 달인의 국수

○ **이름** 이용성 국수
○ **위치** 서울 양천구 목동
○ **개업** 2011년 9월
○ **권리금** 3500만 원
○ **규모** 11평
○ **메뉴** 짜장면, 콩국수, 탕수육

등촌시장에 있는 이용성 국수는 30년 차 면 요리 경력을 가진 사장이 이름을 걸고 장사하는 곳이다. 하루 100그릇만 한정판매를 하는데 식사 시간대와 관계없이 사람들이 줄을 서서 기다린다. 면 요리 경력이 많다고 누구나 돈을 버는 건 아닐 터. 이용성 국수에도 그만의 남다른 창업 노하우가 숨어 있다.

이용성 국수의 가장
큰 경쟁력은 매장에서
뽑은 면발이다.

이용성 사장은 짜장면 한 그릇이 500원이었던 1980년대부터 음식 장사를 해왔다. 처음에는 서울 영등포여자상업고등학교 앞에서 중국요리 전문점을 했다. 그는 음식을 배울 때부터 종업원이 아닌 사장이었다. 자격증을 따고 일을 배우는 것보다 자신이 직접 장사를 하면서 경험을 쌓는 게 더 배울 점이 많다고 생각했다.

타고난 장사 수완으로 14년 동안 음식점을 하며 돈도 꽤 벌었지만, 잠깐 '옆길'로 샌 적이 있다. 반복되는 생활이 지겨워 운동에 관심을 두다가 마라톤에 빠졌는데 건강도 챙기기 위해서 장사를 잠시 접었던 시절이었다. 하지만 잠시라도 무언가를 하지 않으면 지루함을 느끼는 성격 탓에 국수 만드는 일을 다시 시작했다고 한다. 등촌시장에 '이용성 국수'를 개업한 것은 2011년 9월. 옛날이나 지금이나 면 요리 하나밖에 몰랐던 그는 음식에 대한 자부심 하나로 재기에 성공할 자신이 있었다.

누구나 휴식기를 갖다가 장사에 재도전하려면 두려움이 따른다. 이 사장이 믿은 것은 30년 경력으로 쌓은 탄탄한 음식 노하우였는데, 이는 누구도 따라올 수 없는 경쟁력이다. 이것만 있으면 시골에서 장사해도 돈을 벌 수 있다고 생각했던 그는 손에 쥔 돈 5000만 원으로 이용성 국수를 시작해 또 한 번 '대박집'으로 만들었다. 요즘도 주방에서 혼자 음식을

Points!

콩국수 국물은 직접 삶은 콩을 그때그때 갈아서 내놓는다.

우리 가게 장비 구입 비용은?

도배: 70만 원

전기공사: 30만 원

주방집기 구입: 400만 원

주방공사: 1000만 원

테이블 및 의자 구입비: 200만 원

총: 1700만 원

만드느라 눈코 뜰 새 없이 바쁜 그는 성공 노하우로 제일 먼저 치열함을 꼽는다. 음식 장사를 하는 사람은 돈을 보고 사업에 뛰어들어서는 안 되고, 나만의 경쟁력을 갖고 무엇이든지 내 손으로 하겠다는 열정이 있어야만 성공할 수 있다는 얘기다.

창업 시크릿

얇고 가는 면을 선택하라
30년 전에 사람들이 좋아하는 짜장면의 면은 굵고 통통한 면발이었다. 하지만 지금은 시대가 바뀌어 얇고 가는 면이 더 잘 팔린다. 짜장도 느끼한 맛보다 담백하고 단맛이 도는 게 좋다. 음식점에서는 가게에 온 손님들의 반응을 유심히 연구해서 메뉴에 곧바로 반영하는 게 중요하다.

● 왜 이 점포를 선택했나?

이 점포는 시장 안에 있다는 것이 가장 큰 매력이었다. 점포가 시장과 가까우면 음식 재료를 사기 쉽다. 급할 때는 멀리서 재료를 사올 수 없는데, 가까이에 단골가게가 있으면 재료를 구하기 편하다.

이 사장은 상권과 입지를 볼 때 시간을 두고 천천히, 주의 깊게 보는 편이다. 마음속으로 입지를 정한 다음에도 점포를 실제로 얻기까지 약 2개월 정도 시간이 걸린다. 점포를 구할 때는 부동산부터 찾아가지 않고 발품을 팔면서 지역을 종합적으로 분석한다. 지금 이 매장은 시장 주변에 아파트가 밀집돼 있고, 주변에 상가가 많아 수요가 어느 정도 안정적인 상권이라고 판단했기 때문에 계약을 결심했다. 점포 위치가 사람들이 시장에서 나가는 길목이 아니라 들어오는 길인 점도 마음에 들었다. 예전에는 고깃집을 하던 자리였는데 목이 좋은 점포였는데도 권리금이 없었다는 점도 좋았다.

● 인테리어 어떻게 할까?

소자본으로 창업하려면 웬만한 인테리어는 직접 하거나 업자를 부릴 줄 알아야 한다. 이 점포는 그 전에 고깃집을 하던 자리였으므로 인테리어 비용이 많이 들지 않았다. 천장은 그대로 두었고 바닥 공사는 이 시장이 직접 했다. 벽지는 지물포에서 종이를 구입한 다음 업자를 불러서 따로 맡겼다. 이렇게 해서 비용을 30만 원 이상 절약할 수 있었다. 조명을 갈고 전기선을 다시 설치한 것도 일일이 사람을 불러서 맡겼다.

이 사장은 인테리어 비용을 아끼려면 업체에 일괄로 맡겨서는 안 된다고 강조한다. 인테리어를 할 때 많은 이들이 어려워하는 전기 공사 역시 조명 대리점을 찾아가서 인부를 소개받으면 저렴하게 시공할 수 있다. 인테리어 공사가 끝난 뒤에도 매장 곳곳을 손볼 일이 많으므로 사장이 기술이 있어야만 돈을 아낄 수 있다.

음식 다 팔릴
때까지 쉴 틈이
없어요.

● 내가 겪은 시행착오는?

짜장면이 웰빙 음식은 아니다. 하지만 몸에 좋은 재료를 선호하는 시대적 취향을 맞추려면 재료 선택에 신경을 써야 한다. 이용성 국수 역시 재료를 보완하는 과정에서 시행착오를 여러 번 거쳤다.

조미료를 완전히 배제할 수는 없지만 그 양

국내산 식재료를 사용해 음식 맛에 까다로운
고객을 만족시켰다.

을 최소화하고 친환경 식재료를 쓰기 위해 노력했다. 콩국수는 전라남도 신안 천일염으로 간을 하며 불려서 직접 삶은 콩을 그때그때 갈아서 내놓는다. 김치는 일주일에 한 번 직접 담그고 짜장면은 느끼하지 않고 뒷맛이 깔끔하도록 조미료를 최대한 줄었다.

메뉴 정하기

이용성 국수는 착한 가격이 최고의 장점이다. 3500원이면 생면으로 만든 짜장면을 맛볼 수 있다. 3년 전에 개업할 당시에만 해도 1000원씩을 더 받았지만 경기가 어려워지면서 박리다매로 전략을 바꾸고 값을 1000원 내렸다.

이 사장은 다양한 메뉴 중에서도 짜장면이 만들기 가장 어렵다고 한다. 생면 특유의 식감을 살리면서 단맛이 돌고 입에 착착 감기는 짜장면을 만들기 위해 아침 7시에 나와서 반죽을 한다. 그리고 신선한 재료를 공수하기 위해 매일 수협에 간다. 이용성 국수를 찾는 고객 중에는 연령대가 높은 이들이 많은데 이들의 까다로운 입맛을 맞추기 위해서는 반죽에서부터 정성과 노력이 필요하다. 사장이 편하자고 음식에 정성을 들이지 않으면 고객들은 이를 금방 알아차리고 발길을 돌린다. 짜장면뿐 아니라 모든 메뉴에 좋은 재료와 정성을 담아서 손님에게 내놓는 게 중요하다.

65

음식의 질을 떨어뜨리
지 않기 위해서는 적당
한 규모인 것이 좋다.

● 마케팅·고객 관리법?

이용성 국수는 모든 메뉴를 하루 100그릇으로 한정 판매한다. 심지어는 포장을 해주지도 않는다. 특별한 이유가 있어서가 아니라 사장이 혼자서 감당할 수 있는 분량에 한계가 있기 때문이다. 음식의 질을 떨어뜨리면서까지 포장 판매를 하지 않는 것이 이용성 국수의 원칙이다.

주변에서는 장사가 잘되면 가게를 확장하라지만 음식의 질을 떨어뜨리지 않기 위해서는 11평 규모가 적당하다는 생각이다. 그만의 고객 관리법은 '언제나 한결같은 음식을 제공한다'는 것. 장사에 기복이 생기면 고객 만족을 얻을 수 없다. 고객이 점심시간에 오든지, 폐점 직전에 오든지 늘 동일한 맛과 서비스를 제공할 수 있어야 제대로 된 음식점이라고 할 수 있다.

매장에서 직접 국수를 뽑아서 사용해 원가를 절감했다.

Points!

나만의 필살기

국수 장사를 오랫동안 해온 이용성 사장은 생면을 다룬다고 자부하고 있다. 음식 맛을 완벽하게 만들기 위해 노력하면서도 단가를 저렴하게 책정했다. 늘 같은 재료를 쓰는 것이 아니라 질 좋은 재료로 대체할 부분을 고민하고, 국산 재료를 써서 손님에게 질 좋은 음식을 제공하기 위해 노력한다. 음식이 맛있으면 광고나 홍보를 하지 않고서도 손님이 알아서 찾아올 수밖에 없다. 음식으로 거짓말하지 않는 게 소비자와 음식점의 약속이다. 이용성 국수는 소비자에게 가격 대비 최상의 만족을 줄 수 있는 메뉴를 만드는 게 가장 큰 경쟁력이다.

창업 비법 전수

음식점에는 성수기와 비수기가 따로 없다. 소비자는 철저하게 맛을 중심으로 음식점을 평가한다. 고객에게 돈을 받고 음식을 팔 생각이라면 자신만의 확고한 경쟁력이 있을 때 개업하는 게 좋다. 그렇지 않고 머리만 써서 장사하려 들면 반드시 망한다. 자신만의 확고한 레시피를 가진 사장에게 1년 이상 요리를 배우면 도움이 된다. 좋은 사장을 만나면 음식점 장사에 현실적인 조언을 들어볼 수 있다.

이런 사람이 창업하라

음식점을 하려면 성실해야 한다. 가장 마지막까지 가게에 남아서 뒷정리를 하고 다음 날 아침 일찍 매장에 나올 수 있는 체력과 정신력이 필수다. 음식을 돈벌이 수단이 아니라 손님에게 만족과 즐거움을 주는 곳으로 이해하는 사람이 음식도 잘 만든다. 한 가지에 쉽게 질리는 사람이 아니라 꾸준한 인내심을 갖춘 사람이라면 더욱 좋다.

월 매출액: 1700만 원 이상
임대료: 180만 원
재료비: 350만 원
인건비: 150만 원
영업관리비: 30만 원
월 순수익: 1000만 원 내외

이용성국수

05

태원스시

스시 전문점 | 서울 강남구 태원스시

원가를 따지지 않은 스시

- ○ **이름** 태원스시
- ○ **위치** 서울 강남구 신사동
- ○ **개업** 2014년 6월
- ○ **보증금** 3000만 원
- ○ **권리금** 없음
- ○ **규모** 30평
- ○ **메뉴** 사시미 오마카세, 스시 오마카세

태원스시는 서울 구로동에서 일매출 100만 원을 올리는 회전초밥집의 강남 분점이다. 최우영 사장은 일본처럼 대를 물려서 음식점을 해보자는 생각으로 아들 이름인 태원을 따서 가게 이름을 지었다. 눈에 잘 띄지 않는 이면도로에 있으면서도 입소문을 듣고 찾아온 고객들로 문전성시를 이루는 태원스시는 잘 되는 음식점의 기본 조건을 모두 갖추고 있다.

우리 가게 스토리

최 사장은 일본에서 스시를 배웠다. 일본에서 음식을 배우기 위해 보낸 세월이 10년이다. 그러면서 일본의 음식업계와 국내 음식업계를 자연스럽게 비교하게 되었다고 한다. 일본은 음식의 재룟값이 저렴한 대신 판매가격이 비싸지만, 한국은 원재료가 비싸고 판매가격을 절충하는 구조다. 대신 우리나라는 일본보다 요리사의 인건비가 낮다.

사정이 이렇다 보니 국내 스시 프랜차이즈 업체 중 일부는 질 낮은 저가형 재료를 활용해 판매가를 낮추는 방식으로 시장에서 살아남는 경우도 있다. 식재료를 공급하는 업체 역시 60일 단위로 결제가 이뤄지는 프랜차이즈 업체에는 상대적으로 질이 낮은 재료를 공급하는 곳도 있다. 결국은 식재료의 유통 마진이 스시집의 판매단가를 좌우하는 구조가 될 수밖에 없다.

최 사장은 경쟁력 있는 일식 주방장들이 살아남기 위해서는 질 좋은 재료를 선점해 소비자들에게 싼값에 판매하는 방법밖에는 없다고 판단했다. 최근 일식 트렌드가 지나치게 비싸지거나 혹은 반대로 저가로 경쟁하는 업체가 많아졌다. 따라서 질 좋은 재료를 쓰는 중간 가격대의 틈새시장을 공략하면 승산이 있을 거라고 본 것이다.

태원스시의 경쟁력은 바로 여기에 있다. 노량진

테이블은 고급 원목을 사용해 만들었다.

노량진 시장에서 공수한 신선한 재료를 사용한다.

Shop

우리 가게 장비 구입 비용은?

목공공사: 800만 원

설비공사: 300만 원

닥트: 150만 원

전기공사: 150~200만 원

도장·칠·바닥공사 등: 300~400만 원

주방집기 구입비: 2000만 원

테이블, 의자 구입비: 300만 원

총: 4000만 원

시장에서 공수한 신선한 재료를 엄선해 합리적인 가격대에 판매하는 것. 어떻게 보면 너무 뻔한 얘기 같지만 실제 이렇게 영업을 하는 스시집이 드물다는 점을 감안하면 태원스시의 경쟁력이 한층 뚜렷해진다.

창업 시크릿

손님과의 약속을 중요시하라
태원스시는 명절에도 가게 문을 닫지 않는다. 손님과의 약속을 지키기 위해서다. 매출이 턱없이 낮아 직원 인건비를 감안하면 하루 100만 원 이상의 적자가 생기지만 성실하게 장사하고 있다는 이미지를 고객에게 심어줌으로써 홍보 효과를 얻었다.

● 왜 이 점포를 선택했나?

이 점포는 이자카야를 하던 자리였다. 장사가 안되어서 주인이 일방적으로 가게를 뺀 것을 철거비 1000만 원을 들여서 인테리어를 하고 입점했다. 주인이 자주 바뀌는 가게는 평균적으로 영업 기간이 2년을 넘지 못한다.

인테리어 비용은 평당 100만 원이 들었다. 업체를 선정하는 비용이 너무 비싸서 공정을 직접 설계하고 업자를 불러서 목공과 설비 등을 따로 시공했다. 이렇게 하면 비용이 100만 원 이상 절약된다.

식당 인테리어에서는 설비와 감리가 가장 중요한데, 이 부분을 꼼꼼하게 확인한다면 인테리어 업자를 개별적으로 섭외하는 것이 유리하다. 점포를 결정할 때는 근처에 사무실이 많고, 매장에 주차하기가 편한지를 우선적으로 봤다. 최 사장은 음식과 창업에 자신이 있다면, 기본적인 입지 조건만 고려해도 창업에 큰 무리가 없다고 믿는다.

● 내가 겪은 시행착오는?

장사를 시작할 당시에는 점포 임대나 인테리어, 홍보에 지나치게 신경을 많이 쓴 나머지 정작 중요한 음식을 소홀히 할 때가 있다. 하지만 이것은 실수다. 음식점 사장이 가장 신경 써야 할 부분은 음식이다. 음식이 아니라 점포나 다른 데 관심을 빼앗기면 매출에 곧바로 타격이 올 수밖에 없다.

최 사장도 태원스시를 창업할 때 메뉴를 짜놓은 다음에 점포를 알아봤다. 장사의 처음과 끝은 음식을 중심으로 생각해야 실패를 줄일 수 있다. 멀리서 온 손님에게 더 많은 서비스를 해야 한다는 강박을 가질 필요도 없다. 서비스 때문에 오는 음식점이 아니라, 맛 때문에 오는 음식점을 만들어야 한다.

● 메뉴·매출 관리

최 사장이 메뉴를 정하면서 정한 원칙은 '나 혼자만 맛있는 음식은 팔지 말자'였다. 주방장이 착각하는 것 중 하나가 자신이 맛있다고 생각한 음식은 무조건 잘 팔릴 거라고 넘겨짚는 것이다. 하지만 주방장의 입맛보다 중요한 건 고객의 입맛이다.

최 사장은 손님이 좋아하는 음식을 더욱 신선하고 싼값에 제공하겠다는 취지로

대를 물려주는 스시집을 만들 거예요.

Works

수족관에서 잡아올린 생선으로 요리한다.

메뉴를 짰다. 메뉴는 영업하는 도중에 바뀔 수도 있다. 손님이 먹는 모습을 유심히 관찰했다가 어떤 음식이 많이 남는지 확인하고, 그 이유를 분석해서 보완해나가는 과정이 필요하다.

창업 시크릿

아이템이 상권을 이긴다
좋은 상권에서는 장사로 돈을 벌기 어렵다. 임대료가 비싸기 때문이다. 우리나라는 일본과 비교해도 임대료가 지나치게 높게 형성돼 있다. 확실한 아이템을 갖고 있다면 B급 상권이라고 하더라도 개의치 말고 창업하라. 좋은 아이템은 상권을 이길 힘을 갖고 있다.

재료를 얼마에 사서 얼마나 팔겠다는 원가 분석은 하지 않았다. 원가 분석이란 쉽게 말해 '내가 손님이라면 이 돈을 내고 음식을 사 먹겠는가'라고 자문해보는 것이다. '그렇다'고 대답할 수 있으면 가격을 얼마로 잡든지 상관없다. 최 사장은 주말에 부부가 아이를 데리고 와서 3만 원에 2인 메뉴를 시켰을 때 만족하는 수준이 되어야 한다고 봤다.

처음부터 재료를 중심으로 원가 분석을 하면 회를 뜰 때도 인색해진다. 태원스시에서는 재료비가 판매가에서 차지하는 비중이 50%가 넘는다. 매출은 개업한 달부터 손익분기점을 넘었다. 월 매출은 약 3500~4000만 원 정도라고 보면 된다. 앞으로 월 매출 6000만 원을 확보하는 게 목표다.

● 나만의 매장 관리법?

개업한 이후 별도의 행사나 이벤트를 열지 않았다. 손님 대부분이 입소문을 듣고 찾아온 이들이다. 고객이 식당에서 10만 원을 쓰고 20만 원의 효용을 얻고 가면 마케팅은 성공한

것이다. 하지만 5000원을 썼는데도 3000원 정도의 만족감을 느꼈다면 마케팅에 실패한 것이다.

　태원스시는 고객 만족이 최고의 마케팅이라는 생각으로 질 좋은 식재료 확보에 주력했다. 최 사장은 매일 아침 6시부터 도착한 식자재를 확인하고 질 좋은 재료인지 아닌지를 구분하는 작업을 한다. 식자재 공급 업체에 매달 현금 결제를 하므로 품질 좋은 식재료를 선점할 수 있다.

손님이 음식을 남긴 이유를 분석해서 보완하는 과정이 필요하다.

래원 스시 메뉴

· 스시 오마카세 ~~~ → 15,000 원

· 사시미 오마카세 ~~~ → 25,000 원

런치 세트 / 포장 메뉴

매일 아침 직접 세프가 재료를 구매 및 손질합니다

· 런치 세트 (광어, 도미, 연어, 참치, 새우, 소라, 새조개, 장어)
샐러드 + 초밥 10개 + 우동 or 모밀

→ 10,000 원

포장

초밥 11개 (광어, 도미, 연어, 참치, 새우, 소라, 새조...

→ 10,000

음식 맛 변질 문제 때문에 식재료는 당일 소진을 원칙으로 한다.

나만의 필살기

스시집 창업의 경쟁력은 식자재의 선도를 볼 줄 아는 눈에 달렸다. 창업 초보자는 좋은 식자재를 걸러내는 눈이 없어서 요리를 아무리 잘해도 한계가 있을 수밖에 없다. 최 사장은 매일 아침 노량진 시장에 나가서 선도가 좋은 재료를 직접 고르고, 10년 이상 거래한 곳에서 최상의 재료를 공급받는다. 처음 스시집을 시작하는 사람이라면 적어도 1년 동안은 매일 같이 노량진 시장에 나가서 좋은 물건을 선별하는 연습을 해야 한다.

창업 비법 전수

음식점 창업에서 가장 중요한 점은 다름 아닌 초심이다. 음식을 만드는 사람으로서의 정체성을 지켜야 유행이나 환경에 휩쓸리지 않는다. 장사가 조금 잘 된다고 해서 권리금을 받고 가게를 팔아넘기면, 그 가게를 믿고 찾았던 고객들은 실망감을 느끼고 그 매장을 두 번 다시 찾지 않는다. 장사는 고객과의 신뢰이고 자신과의 신뢰다. 음식점 사장으로서의 마인드를 잃지 않고 10년 이상 정진할 수 있다면, 언젠가는 고객들의 마음을 사로잡을 수 있다.

이런 사람이 창업하라

음식점 사장은 최고의 음식을, 최고의 환경에서 제공하는 서비스 마인드를 가져야 한다. 자기관리에 철저하고 사소한 것 하나도 지나치지 않는 꼼꼼함과 섬세함이 필요하다. 고객에게 불필요하게 아부할 필요는 없다. 고객을 존중하면서도 음식점 사장으로서의 품위를 잃지 않는 사람이라면 창업에 도전해도 좋다.

월 매출액: 6000만 원
임대료: 352만 원
재료 구입비: 2768만 원
인건비: 1750만 원
영업관리비: 80~100만 원
월 순수익: 700~800만 원

태원스시

더함 한우골

한우 스테이크 | 서울 강서구 더함 한우골

기발하게 구운 한국형 스테이크

○ **이름** 더함 한우골
○ **위치** 서울 강서구 화곡동
○ **개업** 2013년 10월
○ **보증금** 4000만 원
○ **규모** 28평
○ **메뉴** 한우 우족탕, 한우 스테이크

더함 한우골은 죽어가는 상권에서도 주목받는 법을 아는 이주환 사장의 장사 노하우가 엿보이는 음식점이다. 돈이 많거나 혹은 기술만 좋아서는 먹는 장사에 성공하기 어렵다는 걸 입증하는 사례이기도 하다. 핵심은 차별화, 즉 어떻게든 남과 다른 시도를 함으로써 고객의 주목을 받는 것에 달렸다.

더함 한우골에서 직원들이 일하는 모습을 눈여겨보면 주방장과 실장, 홀서빙 직원 할 것 없이 모든 일을 내 일처럼 처리하고 있다는 걸 알 수 있다. 직원들이 맡은 일에 주인의식을 갖도록 이끄는 게 어디 쉬운 일일까.

이 사장은 '하드웨어(점포 규모 및 상권)'가 약한 음식점이라면 '소프트웨어(아이템)'에 집중하면 성공할 수 있다고 강조한다. 점포 욕심을 내지 말고 가게에 투자할 돈을 고객을 위한 메뉴 개발에 쏟아 부으면 충성고객을 더 많이 확보할 수 있다는 뜻이다. 더함 한우골 역시 소프트웨어에 투자해 성공을 거둔 케이스다. 원래는 고깃집을 하던 자리였는데 영업 매출 악화로 미수금이 생겨 낮은 권리금만 받고 가게를 되팔았다.

음식 장사 경력 11년이 넘는 이 사장은 죽은 가게를 싼값에 인수받아 되살리는 데 일가견이 있는 사람이다. 신규 점포를 창업할 경우 점포 투자금액으로 많은 돈이 들어가는 반면, 기존 가게를 인수할 경우 점포 임대보다는 고객 서비스에 돈을 투자함으로써 매출을 높일 수 있다. 소프트웨어에 집중하라는 철학을 가진 그는 돈만 따지면 음식점은 결코 성공할 수 있는 업종이 아니라고 믿는다. 따라서 직원들에게 틈나는 대로 휴가를 주는데, 그 이유는 '직원이 행복해야 고객도 행복할 수 있다'는 걸 알기 때문이다.

참숯으로 굽는 스테이크로 메뉴를 특화했다.

Points!

스테이크는 참숯으로 구워 고기의 향과 식감이 좋다.

Shop

우리 가게 장비 구입 비용은?

컨벡션오븐 5단: 380만 원

도우컨디셔너: 300만 원

냉장 쇼케이스: 180만 원

커피머신, 그라인더 정수기: 500만 원

테이블냉장고, 냉동고, 제빙기,

빙삭기 등: 700만 원

총 2060만 원

현재 더함 한우골은 30~40대 여성 고객을 메인으로 삼아 '한국식 구이문화'를 콘셉트로 내걸고 있다. 숯불에 구워먹는 티본스테이크는 육우가 아니라 한우의 안심과 등심이다. 기존의 한우 전문점과 달리 여기서 티본스테이크를 주문하면 호텔식 과일 샐러드와 직접 담근 곰취 장아찌, 낙지젓갈 등을 밑반찬으로 제공한다. 덕분에 질 좋은 한우 스테이크를 색다른 방법으로 맛볼 수 있다는 입소문을 듣고 찾아오는 고객들로 줄을 서서 먹는 맛집이 되었다.

● 왜 이 점포를 선택했나?

강서구청 주변은 불과 몇 년 전까지만 해도 김포공항으로 가는 거점지역으로 먹자골목이 형성된 곳이었다. 하지만 전철이 들어서고 대중교통망이 발달하면서 요즘은 주말 저녁에도 거리를 지나는 손님이 드물 정도로 상권이 약화되었다.

이 사장은 죽은 상권을 살려보자는 생각으로 고깃집을 과감하게 인수했다. 매장이 아무리 목이 나쁜 곳에 있어도 사람들이 찾아오는 가게로 만들어 입지의 불리함을 만회할 자신이 있었다. 가격대비 음식의 질이 훌륭하고 고객이 먼저 입소문을 내는 매장으로 만들기 위해 노력한 결과, 현재는 더함 매장 덕분에 가게 주변을 오가는 고객들이 많아졌다.

욕심을 부리자면 끝도 없어서, 기존의 고깃집을 인수해 인테리어 비용을 최소화한 비용으로 티본스테이크를 요리하는 시설을 만드는 데 더 주력했다. 인테리어는 테이블마다 환풍기를 설치한 게 고작이다. 인터넷을 통해 업체를 알아보고 견적을 내서 인테리어를 400만 원에 해결했다.

● 내가 겪은 시행착오는?

한우 음식점은 소품 하나까지도 영업 전략에 포함되어야 한다. 단지 좋은 고기에 서비스가 좋다고 손님들이 알아서 찾아오는 게 아니다. 최대한 고급스럽게, 그리고 고객이 낸 돈 이상의 값어치를 느꼈다는 생각이 들게끔 하는 게 중요하다.

처음에는 한우 티본스테이크를 담는 그릇과 밑반찬 그릇이 콘셉트에 맞지 않아 시행착오를 겪었던 적이 있다. 한우에 어울리는 예스러운 느낌의 그릇을 썼지만, 스테이크 메뉴에는 어울리지 않는 게 문제였다. 이 사장은 고급스럽게 보이는 게 중요하다고 판단해 밝은 색감에 디자인이 깔끔한 것으로 식기를 모두 바꾸었다.

스테이크를 주문하면 서비스로 제공되는 과일 샐러드 역시 여러 번 시행착오를 거쳐서 완성한 것이다. 처음에는 고깃집에서 흔히 먹을 수 있는 샐러드를 만들었지만, 고객에게 감동을 주지 못할 거라는 생각에 주방장과 아이디어를 내고 메뉴를

Points!

음식을 담는
식기에도 신경을
써야 한다.

Points!

호텔에서 나올 법한 과일 샐러드를 무료로 제공한다.

바꾸었다. 주방에서 쓰고 남는 고기를 활용해 장조림으로 제공하는 것도 색다른 아이디어다.

● 메뉴·매출 관리?

보통 메뉴를 정한다고 하면 다른 음식점에서 봤던 메뉴를 상상한다. 한우 전문점의 경우 일반 고깃집에서 봤던 메뉴를 똑같이 따라 하려는 경향이 있다. 하지만 음식점은 상상력이 필요한 장사다. 쌈 채소에 파절이 하나만 가져다 놓으면 손님들이 만족해하던 시대는 지났다. 더함에서는 메뉴의 차별화에 중점을 두고 질 좋은 고기를 적정가에 제공하는 데 초점을 맞췄다.

더함 한우골은 강남 지역의 한우 전문점보다 저렴하지만 품질은 최고급인 한우를 쓰고 있으며 식자재 유통 분야의 경험이 많은 이 사장이 직접 공수한 재료들로 차별화를 이뤄냈다. 한우 스테이크의 가격에서 재료비가 차지하는 비중은 약 40% 정도.

일반적으로 30%를 재료비의 마지노선으로 정하지만 이 사장은 고객 서비스를 한 차원 높이려면 박리다매 전략으로 가야 한다고 강조한다. 더함 한우골은 재료비 비중을 높이고도 월평균 매출이 5000만 원에 육박한다. 덜 남기고 더 많이 팔아서 충성고객을 확보한다는 영업 전략 덕분이다.

창업 시크릿

음식에 포인트를 가미하면 성공한다
이 사장은 모든 음식에는 남다른 포인트가 있어야 한다고 믿는다. 이 사장이 운영하는 한식집 메뉴인 청국장을 예로 들어 보겠다. 청국장이 안 팔려서 고민인 경우 청국장을 색다르게 판매하는 방법을 개발해내야 한다. 청국장을 차별화하는 방법으로 맛이 진하거나 양이 많은 것만으로는 한계가 있다. 이 사장은 청국장에다 순두부를 통째로 넣으면 색다른 메뉴가 될 수 있다고 조언했다.

연중무휴로 운영하는
것도 더함 한우골만의
특징이다.

● 나만의 고객 관리법?

이 사장은 방송 노출의 요령을 알고 있는 사람이
다. 사람들이 이전에 본 적이 없는 메뉴를 파격적
인 가격에 제공하면 따로 홍보하지 않더라도 방송
국에서 알아서 찾아올 거라는 사실을 잘 알고 있
었다.

더함 한우골에서는 가게를 자발적으로 홍보해주는 사람들
을 위해서 매달 100만 원가량의 마케팅 비용을 책정하고 있다.
외부 홍보비와 접대비로 쓸 수 있는 돈이지만, 그 대신 매장 내
에서 블로거들에게 음식을 대접하는 비용으로 쓰면 그 이상의
홍보 효과를 거둘 수 있기 때문이다.

더함 한우골은 처음부터 고객이 많았던 것은 아니다. 방송
과 블로그를 통해 입소문이 나면서부터 매장 앞에 줄을 서는
고객이 생겼다. 스테이크 수요가 적은 점심시간에는 5000원대
우족탕을 판매하는 식으로 아낌없이 서비스하는 것이 마케팅
노하우다.

Points!

1++ 한우만을 사용해 고객에게 신뢰감을 준다.

Menu

나만의 필살기

더함 한우골에서 근무하는 주방장은 호텔 출신 주방장과 베이커리 경력 20년 차의 제빵사다. 조리장들이 직접 구워주는 스테이크와 디저트로 제공되는 케이크는 더함에서만 맛볼 수 있다. 더함에서는 원형 케이크를 직접 만들어 여성 고객에게 주기도 한다. 다른 매장에서는 완제품을 매입하는 데 부담을 느끼지만, 더함 한우골에서는 주방장이 그때그때 만든 디저트로 비용 부담 없이 고객에게 무한정 서비스할 수 있다는 것이 강점이다.

창업 비법 전수

눈높이가 높아진 고객은 단순히 음식에 만족하는 수준을 넘어 감동을 줄 수 있는 식당을 찾는다. 비용을 최소화하면서 고객에게 감동을 주는 방법을 연구하는 식당과 그렇지 않은 식당은 앞으로도 매출 면에서 양극화 현상을 겪을 것이다. 확실한 차별화 전략만 있다면 상권은 중요하지 않다. 어떤 점포에서든지 고객이 먼저 찾아오는 매장은 가치가 높아지고 매장을 이전할 때도 높은 권리금을 받고 나올 수 있다.

이런 사람이 창업하라

프랜차이즈 창업이 아닌 독립적인 가게를 내고 싶다면 몸으로 고생할 각오를 해야 한다. 사장은 최고의 주방장이자 마케터가 되어야 한다. 음식은 배우면 되지만 영업은 타고나는 것이므로 영업을 잘할 자신이 있다면 음식점 장사에 도전해보는 것도 좋다. 장사는 1개월 만에 성공할 수도, 망할 수도 있으며 오랜 시간이 지난 뒤 성패가 갈리기도 한다. 장사가 되든지, 안 되든지 1년을 버틸 자신이 있다면 장사를 해도 좋다.

월 매출액: 5000만 원
임대료: 200만 원
재료 구입비: 2200만 원
인건비: 1000만 원
영업관리비: 400만 원
월 순수익: 1000~1200만 원

더함 한우골

소문난 순대국

순댓국 전문점 | 서울 강서구 소문난 순대국

전통시장에 특화된 음식점

- **이름** 소문난 순대국*
- **위치** 서울 강서구 화곡동
- **개업** 2012년 4월
- **보증금** 2000만 원
- **규모** 11평
- **메뉴** 순댓국밥, 내장국밥

* 맞춤법 표기법상 '순댓국'이 맞는 표현이지만, 특정 상호를 언급할 때는 '순대국'으로 표기합니다

순댓국 한 그릇을 먹기 위해 전통시장에 가서 줄까지 서는 사람들이 있다. 단
순히 한 끼 식사라고 하기엔 가격 대비 큰 포만감과 행복감을 주는 소문난 순
대국은 이름처럼 40년 이상 순댓국을 전문으로 해온 사장의 노하우가 고스란
히 배어 있는 곳이다.

우리 가게 스토리

소문난 순대국집은 99년부터 순댓국 장사만 고집한 김경윤 사장의 고집이 엿보이는 가게다. 화곡남부시장에서 가장 장사가 잘되는 가게로 꼽히는 이곳은 기게 상호를 모방한 순댓국집이 생길 정도로 요즘 유명세를 타고 있다. 4년 전, 화곡시장으로 오기 전 관악시장에서 장사했던 김 사장은 장사 경력만 40년이 넘는 베테랑이기도 하다.

7형제 중에서 손맛이 유난히 좋았던 첫째 형이 장사로 돈을 번다는 말을 듣고 김 사장은 무작정 음식을 배워 만두 가게를 창업했다. 그는 12년 동안 만두장사를 하며 익힌 노하우로 장사가 될 만한 조건이 무엇인지 알게 되었다. 만두가게를 그만둔 후 순댓국집을 창업한 큰형에게 순댓국 사업 아이템을 전수받고 그 역시 업종을 바꿔서 순댓국집을 창업했다. 이것이 소문난 순대국집의 시초다.

큰 형은 그에게 "음식이란 모름지기 냄새가 나서는 안 되고 깔끔해야 한다"고 강조했다고 한다. 순대를 내놓을 때도 여느 순댓국집처럼 음식을 떼어다 팔면 성공할 수 없으므로 직접 만들어야 한다고 가르쳤다. 김 사장은 그때부터 지금까지 매일 아침 7시에 나와 순대를 직접 만든다. 20년이 넘는 세월 동안 음식에 대한 양심을 저버리지 않은 게 창업의 성공비결인 셈이다.

주변에서는 순댓국집으로 '대박'을 터뜨렸다고

원가가 높아지더라도 신선한 재료를 고집한다.

족발의 본고장인 장충동에서 배운 조리법대로 족발을 만든다.

Shop

우리 가게 장비 구입 비용은?
순대기계 구입비: 270~280만 원
주방집기 구입비: 200만 원
테이블, 의자 구입비: 150만 원
전기공사: 200만 원
기타 인테리어 비용: 500만 원
총: 1350만 원

해서 음식 장사를 쉽게 생각하기도 하지만,
순댓국 전문점은 보기보다 만만한 게 아니
다. 프랜차이즈와 달리 개인점으로 창업하
려면 최소한 1년 이상 음식을 배워야 하는데
다가 장사가 손에 익으려면 수많은 시행착오
를 거쳐야 한다고.

● 왜 이 점포를 선택했나?

김 사장은 예전부터 시장에서 오랫동안
장사를 해왔다. 유동인구가 확보돼 있는데다 물건을 사지 않
는 사람도 밥은 먹고 가는 곳이 시장이었으므로 식당을 하면
괜찮겠다고 판단했다. 처음 가게를 얻었을 땐 인테리어에 크게
투자하지 않았다. 식당 인테리어라는 게 특별할 게 없다고 생
각했기 때문. 그래서 이전에 영업하던 가게의 구조를 그대로
살려 주방집기만 따로 구입했다. 음식점 위치는 크게 중요하지
않다. 다만 손님들이 장을 보러 시장에 들어오는 통로와 나가
는 통로는 정해져 있으므로 나가는 통로보다는 들어오는 통로
에 자리하는 게 더 유리하다.

● 메뉴관리

순대를 만들 때는 속을 버무려주는 기계가 필요하지만, 소

문난 순대국에서는 손맛을 더하기 위해 손으로 비빈다. 육수를 낼 때는 돼지 사골과 머리뼈를 함께 쓰는데 깨끗한 사골 국물을 내는 게 핵심이다. 육수는 걸쭉하지 않은 뽀얀 국물에 기름기가 없는 게 특징. 보통 순댓국집에서 육수를 만들 때 값비싼 머리 고기는 조금만 쓰고 비계를 활용하는 경우가 많지만, 소문난 순대국에서는 비계를 취급하지 않고 머리 고기만 엄선해서 쓴다. 고기를 섞었을 때와 그렇지 않을 때는 국물 맛에 큰 차이가 있기 때문이다.

족발은 프랑스산 족발을 구입해 직접 삶는다. 예전에는 족발을 떼어다 팔았지만 가게에서 직접 삶아달라는 고객의 요청으로 매장에서 직접 만들고 있다. 족발을 삶을 때는 한약재를 포함해 18가지 재료를 쓴다. 장충동에 있는 족발 가게에서 양동이 한 개들이의 족발 국물을 1500만 원 주고 구입해 연구한 후에 레시피를 개발했다.

음식점 장사는 노력으로 하는 겁니다.

● 내가 겪은 시행착오?

순댓국 육수를 만들기까지 여러 번 시행착오를 거쳤다. 처음에는 닭 뼈와 돼지머리 뼈를 같이 삶아서 특별한 맛을 내려고 하다가 실패했다. 국물을 낼 때는 신선한 재료의 궁합도 중요하지만, 고객의 입맛에 맞는 대중적인 맛을 내는 게 쉬운 일은 아니다. 여러 번 실패를 거쳐 소문난 순대국만의 레시피를 조금씩 다듬어나갔

매장에서 손으로 직접 만든 순대를 제공한다.

다. 요즘은 순댓국에 사골육수만 고집하고
있다. 뼈는 사흘에 한 번씩 바꾸는데 중간에
뼈를 보충해준다. 3kg짜리 뼈를 사흘 동안
쓰면 맛이 싱거워지므로 정기적으로 바꿔주
는 게 필요하다.

창업 시크릿

**음식점 입구 바닥은 수평이 맞아야
한다**
음식점 입구 바닥이 언덕으로 돼
있거나 계단이 있다면 50세 이상
의 손님은 놓칠 확률이 높다. 순댓
국은 핵심 고객층의 연령대가 높으
므로 드나들기 편한 출입문이 가게
영업에 중요한 부분이다.

● 매출 관리?

순대를 떼다가 팔면 맛이 없을뿐더러 마진율도 낮다. 손님
들에게 덤을 줄 수도 없다. 반면 가게에서 순대를 직접 만들
면 양도 푸짐하고 맛도 좋다. 백화점에서 파는 순대는 400g당
3000~4000원이지만, 소문난 순대국에서는 1인분 값에 600g
을 주니 3분의 1가량을 더 주는 셈이다. 그렇게 팔아서 남는 게
있느냐고 묻는 이들도 있지만, 메뉴 가격은 철저한 원가분석을
바탕으로 한 것이다.

20여 전 돼지머리가 하나당 200원일 때는 마진율이 꽤 높았
지만, 지금은 돼지머리 가격이 1만 원까지 올랐다. 좋은 재료를
쓰자면 낮은 마진율은 감안할 수밖에 없다. 시장에서 파는 음
식이라 메뉴 가격을 올릴 수 없으므로 최대한 박리다매 전략
을 유지하려고 노력한다.

순댓국의 원가 대비 마진율은 50% 정도. 내장국밥과 머리국
밥도 비슷한 수준이다. 비수기인 7~9월을 제외하면 매출은 일
정한 수준이다. 성수기 때는 하루에 70~80만 원 정도 매출이

나며 비수기 때는 그 절반가량이다. 순댓국집을 창업한다면 매출 60% 안에 재료비와 인건비 등 기타 부대비용을 모두 포함해야 한다. 11평 규모에서 부부가 함께 일하면 적당하다.

● 나만의 고객 관리법?

매장 수익금 일부를 봉사에 써서 '착한 가게'가 되었다.

순댓국은 남녀노소를 막론하고 모두가 즐겨 먹는 대중적인 아이템이다. 소문난 순대국을 찾는 고객층도 고등학생부터 노인까지 다양하다. 나이 든 이들은 추억의 메뉴로 순댓국을 찾고, 젊은 계층은 주로 입소문을 듣고 찾아오는 경우가 많다. 점심시간이 아니더라도 가게 안은 손님들로 북적인다.

많은 고객을 상대하다 보면 음식에 불평하는 고객도 있다. 별문제가 없어도 괜히 트집 잡는 고객에게는 요구사항을 들어주는 것이 좋다. 고객에게는 공손함이 최고다. 손님이 옳은지 사장이 옳은지 따지고 들면 싸움밖에 날 게 없다. 또 악성 고객은 열 명 중에 한두 명에 불과하므로 친절하게 대하는 것이 손해를 줄이는 길이다.

은연중 친절을 베풀다 보면 입소문이 나서 멀리서 찾아오는 고객도 있다. 소문난 순대국에는 입소문을 듣고 강남과 종로 지역은 물론, 김포와 부천 등지에서도 고객이 찾아온다. 한 번은 목동에 사는 고객이 소문난 순대국에 왔다가 아파트 단지에 사는 지인들과 함께 가게를 다시 찾은 적도 있다.

박리다매 전략으로 마진율은 낮추고 질 좋은 재료를 사용한다.

Points!

나만의 필살기

음식점은 맛도 맛이지만 입지 역시 중요한 사업이다. 소문난 순대국의 경우 김 사장이 입지 선정에 노하우를 갖고 있다. 목을 정할 때는 한 군데만 집중적으로 공략하고, 기간을 정해두고 발품을 판다. 김 사장도 점포를 계약하기 전에 점심과 저녁 시간대로 나누어 유동인구를 파악하고, 시장 유동인구를 면밀히 조사했다.

음식점은 부지런한 사람이 성공한다. 순대는 삶아서 나오는 시간이 보통 두 시간 이상 걸리므로 아침 일찍 가게 문을 연다. 술 손님을 포함해 손님이 많으면 자정을 훌쩍 넘겨 문을 닫기도 한다. 한 달에 두 번만 쉬면서 가게를 성실하게 운영했기에 꾸준한 매출이 나오는 것이다.

창업 비법 전수

장사는 인내심과 끈기가 중요하다. 직장생활처럼 안정적이거나 처음부터 쉽게 돈을 벌 수 있는 업종이 아니라, 암탉이 알을 품듯이 투자한 뒤 끈기를 갖고 기다리다 보면 고객이 점점 늘게 돼 있다. 최소 1년 이상 수익성을 따지지 않고 버틸 수 있는 인내심과 끈기, 그리고 고객에게 최고의 음식을 내놓겠다는 자부심만 있다면 창업 이후 성공할 확률이 높다.

이런 사람이 창업하라

장사에 타고나거나 원래부터 장사를 잘했던 사람은 없다. 김 사장 역시 장사 경험이 쌓이면서 새롭게 배운 면이 더 많다. 누군가에게 '저 사람은 장사할 체질이 아니야'라고 말하는 건 억지이고 고정관념이다. 손님에게 살갑게 대하는 것도 연습과 노력을 통해 바뀔 수 있는 부분이다. 장사를 잘하려는 의지만 있다면 누구나 성공할 수 있다.

월 매출액: 2000만 원
임대료: 120만 원
재료 구입비: 900만 원
인건비: 약 200만 원
영업관리비: 50만 원
월 순수익: 800~1000만 원

소문난 순대국

08

미담진족

족발 전문점 | 서울 마포구 미담진족

전통시장에 특화된 음식점

- ○ **이름** 미담진족
- ○ **위치** 서울 마포구 합정동
- ○ **개업** 2013년 8월 22일
- ○ **보증금** 2000만 원
- ○ **규모** 11평
- ○ **메뉴** 오향족발, 보쌈

미담진족을 창업한 부부의 이야기를 듣다 보면 '칠전팔기'의 뜻이 무엇인가를 생각해보게 된다. 장사 능력이 부족한 창업자라도 고객의 입장을 헤아리는 노력을 끊임없이 하다 보면 고객의 요구가 보이고 이를 충족시킨다면 매출을 올리는 게 어렵지 않다.

김**용오·김진희 사장은 원래 둘 다 사업에 무관심한 평범**한 회사원이었다. 시부모가 오랫동안 족발집을 해왔는데 그 노하우를 배워서 음식점을 창업하자고 제안한 건 아내인 김진희 사장이었다. 그 역시 시골에서 어머니에게 배운 요리 솜씨로 손맛 하나는 자신 있었다. 음식이라고는 집에서 먹는 음식밖에 몰랐던 그는 도시에서 만드는 음식보다 몸에 좋고 맛있는 음식을 만들 자신이 있었다고 한다.

처음에는 홍대 주변에 삼겹살집을 개업하려고 했다. 부부가 연애하던 시절에는 삼겹살에 맥주를 곁들여 먹는 게 유행이었다. 이후 삼겹살에 와인을 파는 식당이 유행하기 시작했고 부부는 '삼겹살이 되는데 족발이라고 안 될 것 없다'는 생각으로 미담진족을 창업했다.

미담진족이 특별한 건 낮에는 식당으로, 밤에는 주점처럼 영업한다는 것이다. 일반 족발집에서도 술을 팔기는 하지만 조명이나 테이블에 신경 쓰지 않아 음식점의 정체성을 바꾸지는 못한다. 미담진족은 이 틈새를 파고들었다. '분위기 좋은 음식점에서 생맥주와 함께 즐기는 족발'로 차별화한 것이다.

족발과 생맥주를 곁들여 파는 음식점은 많지만 부부는 고객이 가고 싶은 음식점인지, 아닌지는 가게의 콘셉트와 분위기에 달렸다고 봤다. 예를 들

빈속으로 매장을 찾은 고객을 위해 술밥 서비스를 하고 있다.

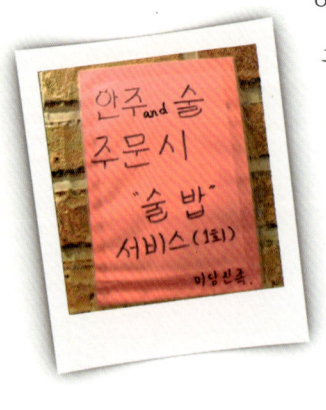

보통 족발집에서 마진율이 높은 후족을 섞어 쓰는 것과 달리
미담진족은 생족만 쓴다.

Shop

우리 가게 장비 구입 비용은?

테이블 및 의자 구입비: 84만 원
주방공사: 650만 원, 어닝공사: 70만 원
음향기기: 20만 원, 간판 시공비: 80만 원
포스 구입비: 100만 원,
집기류 구입비: 300만 원,
에어컨 구입비: 200만 원
TV 2대 구입비: 140만 원
기타(선풍기, 조명등) 비용: 80만 원
　총: 1724만 원

어 족발에 병맥주를 팔 것인지, 생맥주를 팔 것인지도 중요하고, 맥주에 어울릴 만한 족발의 맛을 특화시키는 것도 핵심적인 요소였다. 두 사장은 맥주나 족발 맛 모두 상위 1%에 속하지 않으면 성공할 수 없다고 보았다.

부부의 노력 끝에 입소문이 난 미담진족은 현재 가격 대비 맛이 좋은 분위기 있는 족발집으로 성황을 이루고 있다. 부부는 창업할 때 이 매장의 대표 메뉴가 무엇인지 정하고 고객층이 누구인지를 분명히 정하는 게 성공의 지름길이라고 말했다.

창업 시크릿

부부 창업은 역할 분담을 확실히 해야 한다
부부가 창업하는 걸 두고 '이혼의 지름길이다'라고 말하기도 한다. 부부 사이가 좋은 것과 함께 장사하는 건 다른 문제다. 일터에서의 팀워크는 부부가 서로의 업무 영역을 존중해주는 데서 출발한다. 가게 운영에서 문제가 터지더라도 각자 맡은 영역에 대해서는 책임과 권한을 존중하는 것이 좋다.

● 왜 이 점포를 선택했나?

6년 이상 장사를 하면서 주변 동네를 잘 알았다. 합정역 부근은 사무실과 주택가가 밀집돼 있다. 그리고 그곳을 다니는 직장인이 술안주로 곁들일 수 있는 메뉴로는 족발이 적합하다고 판단했다. 1인 가구 비율도 높으므로 퇴근하면서 식사대용으로 포장해가는 고객도 많다.

초반에는 현재 가게 위치에서 50m 정도 떨어진 곳에 점포가 있었다. 가게 문을 열었는데 주변에서 그 지역이 재개발된다는 소식을 알려주었다. 재개발 때문에 지역 주민이 떠나면서 매출이 곤두박질친 적도 있다. 고객의 니즈를 분석하지 못하고 입점

족발 전문점 서울 마포구 미담진족

한 탓에 7년 동안 장사를 하면서도 헤맸다. 지금은 직장인 고객을 타깃으로 삼고, 재개발 이후에도 유동인구가 확보될 거라는 걸 알기에 걱정하지 않는다. 부부는 다시 가게를 얻는다면 지역 재개발 여부를 반드시 확인하고 계약했을 거라고 한다.

미담진족 매장은 간판은 작지만 외부로 돌출돼 있어서 LIG 건물 후문에서 봤을 때 멀리서도 한눈에 보인다. 간판이 보이느냐 그렇지 않느냐, 또 골목으로 접어드느냐 그렇지 않느냐에 따라 매출에 차이가 난다. 단 5m 차이라도 권리금이 달라지는 건 그만큼 매출에 변수가 생기기 때문이다.

● 인테리어 어떻게 할까?

부부 창업은
상호 배려가
중요합니다.

김 사장은 업자에게 무작정 인테리어를 맡기기 전에 먼저 공부를 했다. 주변 음식점을 돌면서 인테리어 견적을 물어본 것이다. 업자에게 인테리어를 맡기면 편하긴 하지만, 비용 부담을 감수해야 한다. 인테리어 발주를 개별적으로 하려면 손도 많이 가고 몸이 피곤하지만 자신이 원하는 인테리어 스타일을 합리적인 가격에 할 수 있다. 미담진족은 계획을 철저하게 꾸려서 사흘 만에 인테리어를 끝냈다.

미담진족이 들어오기 전에는

오리지널 족발을 좋아하는 고객을 상대로 오향족발을 특화시켰다.

이자카야로 운영되던 점포였다고 한다. 주점이라기보다 가정집 같은 느낌이 나서 군데군데 손을 본 곳이 많다. 주방과 타일을 손봤고, 목공공사도 새로 했다. 외벽은 건드리지 않고 테이블과 주방집기는 인터넷으로 구입했다. 개별적으로 공사를 발주할 때는 인터넷을 찾아보고 주변에 있는 인테리어 가게를 모두 다녀본 다음 결정해야 한다.

● 내가 겪은 시행착오는?

'오픈발'을 핑계로 지인들을 불러 장사하지 않은 건 잘한 일이다. 사장이 영업하면서 친구들을 불러 함께 술을 마시는 모습을 보면 고객은 그 가게를 신뢰하지 않는다. 미담진족의 시행착오는 오히려 고객의 정확한 니즈가 무엇인지 파악하지 못한 데 있었다.

처음에 가게는 족발집도 술집도 아닌 애매한 콘셉트였다고 한다. 한국 사람은 콘셉트가 확실한 가게를 좋아하는데, 어중간한 이미지로 고객을 끌어들이지 못했던 것이다. 김 사장은 몇 번의 시행착오를 거친 후에야 '족발집'이라는 명확한 콘셉트로 장사할 수 있었다. 콘셉트가 명확하려면 반드시 차별화가 있어야 한다. 김 사장은 고객의 말을 귀 기울여 듣고, 사장 스스로 판단해 옳은 길로 가야만 가게가 성공할 수 있다고 강조했다.

남들이 포기하는 아이템이라고 해서 쉽게 포기해서는 안 된다
김 사장이 생맥주에 족발을 내놓자는 아이디어를 낸 8년 전만 하더라도 족발집에서는 관리가 까다로운 생맥주 대신 병맥주를 내놓는 추세였다고 한다. 하지만 김 사장은 족발과 맥주의 조합에서 생맥주가 틈새시장이 될 수 있겠다고 판단해 생맥주를 꾸준히 취급한 결과 히트 아이템으로 만들 수 있었다. 고객에게 필요하고, 자신이 옳다고 생각한 아이템은 시장 상황과 관계없이 꾸준히 밀고 나가다 보면 마침내 성공하는 날이 오기 마련이다.

● 메뉴·가격 정하기

모든 식재료는 식당용
이 아닌 가정용을 쓴다.

미담진족에서는 직접 만든 소스에 버무린 양념족발을 내놓는다. 파와 견과류에 드레싱을 해서 톡 쏘는 맛을 살린 냉채족발을 개발했다. 치킨에 파를 얹어서 파는 파닭에서 아이디어를 얻어 족발에 파를 얹어주는 파족을 선보이기도 했다. 미담진족에서 가장 많이 팔리는 메뉴는 오향족발이다. 상대적으로 판매량이 적은 파족은 세트메뉴로 묶어서 판매하기도 한다.

미담진족의 족발은 전라도에서 공수한 것으로 처음에는 마장동에서 거래하다가 이후 거래처를 바꾼 것이라고 한다. 육사시미는 인터넷으로 주문한 뒤 맛을 보고 거래처를 정했다. 일반 족발집에서 마진율이 높은 후족을 섞어 쓰는 것과 달리, 미담진족은 생족만 쓴다. 모든 식재료를 식당용이 아닌, 가정용을 쓴다는 점이 독특하다. 김 사장은 식당용을 쓰면 영업하기는 편하지만 음식 맛의 질을 높이기 위해서는 가정용을 쓰는게 낫다고 한다.

한번은 집에서 만든 들기름 대신, 업소용 기름을 썼다가 족발에서 냄새가 난다고 고객에게 항의를 받은 적도 있다. 이후부터는 재료비가 많이 들더라도 금액을 따지지 않고 최고의 재료를 공수하기 위해 노력한다. 음식 장사는 원가를 따지면 결코 성공할 수 없다는 게 김 사장의 지론이다.

Points!

족발을 썰 때는 장갑을 끼는 등 위생 관리에 철저하다.

● 매출 관리?

미담진족은 마진율이 원가 대비 40~50% 정도다. 생족 단가가 소고기 못지않게 높다는 점을 감안하면 높은 편은 아니다. 대신 생맥주를 함께 팔아서 수익을 만회하기 위해 노력한다. 밤에는 매장을 주점처럼 꾸미는 것도 영업 전략과 무관하지 않다.

여느 족발집과 가격대는 비슷하면서 질 좋은 메뉴를 취급하고 있어 매출은 꾸준히 나고 있다. 족발 전문점으로 변신한 뒤 첫 달 매출이 1000만 원을 기록했고 그 이후, 현재 평균 월 매출이 2000만 원 내외를 유지하고 있다.

● 나만의 고객 관리법?

족발을 좋아하는 이들 중에서는 7080세대가 많다. 족발에 향수를 가진 50대 고객도 많다. 매장을 방문한 고객은 휴대폰 번호를 저장해두고, 카카오스토리나 페이스북을 통해 이벤트나 신메뉴 출시 때 정보를 공유한다. 장사하는 눈썰미가 있다면 손님의 인상착의를 기억하고, 특징을 한눈에 파악할 수 있어야 한다. 채소를 좋아하는 손님이 왔을 때는 고객이 따로 요구하지 않더라도 마늘과 상추를 추가로 가져다줄 만큼 배려를 해준다.

저녁에는 자리가 없어서 대기 고객이 많을 때도 있는데, 이

Points!

뭇국에 밥을 넣어
끓여 서비스로
제공한다.

때 고객에게 음료를 주고 TV를 보면서 기다리도록 배려한다. 한식을 좋아하는 고객들을 위해 뭇국에 밥을 넣어 끓여 서비스로 제공하기도 한다. 손님들의 반응이 좋아서 입소문이 나 제주도에서도 족발을 주문하는 고객이 있을 정도다.

나만의 필살기

요즘 시장에서는 20대를 겨냥한 단맛이 도는 족발이 인기다. 하지만 미담진족은 족발 본래의 맛을 살리기 위해 노력한다. 잡내가 나지 않으면서 맛이 심심하지 않은 족발은 물엿 대신 양파와 무, 대파로 단맛을 내 감칠맛을 더했다. 오향족발은 직접 개발한 양파소스를 곁들여 내놓는다. 30대 이상의 고객 중에서 오리지널 족발을 좋아하는 고객을 상대로 오향족발을 특화시켰다. 철저한 위생관리도 미담진족의 경쟁력이다. 요리할 때 의료용 장갑을 끼며, 족발을 썰 때도 비닐장갑을 끼는 등 위생에 더 신경을 쓰고 있다.

창업 비법 전수

장사는 인내심과 끈기가 중요하다. 직장생활처럼 안정적이거나 처음부터 쉽게 돈을 벌 수 있는 업종이 아니라, 암탉이 알을 품듯이 투자를 한 뒤 끈기를 갖고 기다리다 보면 고객이 점점 늘게 돼 있다. 최소 1년 이상 수익성을 따지지 않고 버틸 수 있는 인내심과 끈기, 고객에게 최고의 음식을 내놓겠다는 자부심만 있다면 창업 이후 성공할 확률이 높다.

이런 사람이 창업하라

주변에 음식점을 경영하는 이들을 보면 장사를 하면서도 스트레스를 받는 이들이 많다. 하지만 음식점 장사야말로 사람을 만나는 게 즐겁고 요리가 즐겁지 않으면 오래 할 수 없는 직종이다. 직원을 대할 때도 즐거운 마음으로 대하고 같은 말을 해도, 정성과 애정을 담아서 할 수 있는 사람이라면 음식 장사에 성공할 수밖에 없다. 성격이 밝은 사람, 힘든 상황에서도 조바심을 내지 않는 인내심 강한 사람이 유리하다.

월 매출액: 2000만 원
임대료: 135만 원
재료 구입비: 700만 원
인건비: 약 300만 원
영업관리비: 100만 원
월 순수익: 700~800만 원

미담진족

Part

실전에서
바로 써먹는
알짜배기
창업 수칙

01

상권과 업종의
궁합 살펴보기

'아이템이 좋으면 산꼭대기에 가게를 차려도 손님이 온다.' 흔히 '대박집'으로 이름난

음식점의 사장들이 한결같이 하는 말이다. 경쟁력 있는 아이템만 갖고 있으면 열악

한 상권을 이길 수 있다는 얘기다. 음식점을 창업하려는 사람이라면 누구나 강력한

한 방으로 대박을 터뜨리고 싶어 한다. 하지만 음식점을 처음 창업하는 사람이 아

이템만으로 성공할 확률은 그리 높지 않다.

오피스 상권에 위치한 참치요리 전문점은 가격으로 승부한다.

상권은 그런 의미에서 보험과 같다. 자신이 임대하려는 점포의 주변 상권이 음식점 메뉴와 궁합이 잘 맞는지, 고객의 수요는 충분한지를 살펴보는 이유는 '목 좋은 자리에 창업하면 최소한 크게 망할 일은 없다'는 말처럼 안전성 때문이다. 때로는 입지 특성에 따라 업종을 바꿔야 할 때도 있다. 예를 들어서 오피스 밀집지역이라면 한식집보다는 포장마차가 지역 특성과 훨씬 궁합이 맞을 수도 있다.

업종을 살펴볼 때는 먼저 지역의 특성과 거주민들의 연령대, 직업과 성별 등을 조사하고 주변 점포들의 업종을 조사해 자신이 하려는 업종이 어느 정도로 영향을 미칠지 예상해보는 게 좋다. 지역의 소비수준을 보면 메뉴의 평균 가격대를 예측해볼 수도 있다. 업종을 선택할 때 감이 잘 안 온다면, 가게를 업종별로 구분해 조사를 해보는 것도 도움이 된다.

음식점 창업은 업종의 특성을 반드시 파악해야 한다. 특히 자본금이 적은 창업자라면 불리한 입지를 극복하기 위해 손님을 매장으로 끌어들일 독창적인 아이템을 취급해야 한다. 메뉴 자체가 이색적이기보다는 감자탕이나 설렁탕 등 전통적인 메뉴로 맛의 차별화를 두는 게 좋다.

업종을 정할 때는 이익률이 높은지, 판매 방식은 어떻게 할지 점검한다.

업종을 파악할 때 확인해야 할 사항

• 성장성

자신이 선택한 아이템이 특정 소비층에게 인기 있는 업종인지, 대중적으로 인기 있는 업종인지 구분해야 한다. 순댓국 전문점이 유행이라고 덩달아 창업하는 건 금물이다. 유행하는 아이템은 일정 주기에 따라 확산했다가도 금방 사라지는 경우가 많기 때문이다.

• 자금회수율

업종을 선택할 때는 시설투자 비용 규모를 어느 정도로 할지 신중하게 판단해야 한다. 보증금은 장사를 그만두더라도 돌려받을 수 있지만, 인테리어나 시설비는 점포 폐업 이후에는 제값을 받기가 어렵다.

• 업종 수익성

창업 투자금 대비 월 순수익이 얼마나 나올 수 있는지 판단한다. 업종에서 다루는 메뉴의 이익률이 어느 정도인지, 혹은 박리다매로 판매하는 게 적합한지 등을 점검해야 한다. 보통 수익성이 높은 업종은 조리가 까다롭거나 전문 메뉴인 경우가 많다. 반면 조리가 간편하고 일상적으로 자주 먹는 음식은 수익성이 낮은 편이다.

프랜차이즈 음식점? 자영 음식점?

자영 음식점은 상품을 구매하거나 메뉴를 정하는 일을 스스로 결정한다. 이 때문에 시장 변화에 빠르게 대처할 수 있다는 장점이 있다. 반면 경영에 관한 모든 것을 사장이 결정해야 하므로 초보 창업자에게는 쉽지 않다.

프랜차이즈 음식점은 본사에서 상권 분석과 인테리어, 상품 공급, 마케팅 등을 한꺼번에 처리해주므로 자영 음식점보다는 창업하기 쉽다. 브랜드 인지도를 활용해 단기간에 고객을 확보할 수 있는 것도 장점이다. 하지만 자영 음식점보다 마진율이 떨어지는 경우가 많고, 본사의 영업 지침을 의무적으로 따라야 하므로 사장의 뜻대로 매장을 운영하는 데 한계가 있다.

•자금회전율

자금회전율은 재고 관리와 밀접한 관계가 있다. 최근에는 신용카드로 결제하는 고객이 많아져 매출이 발생하더라도 일정 기간이 지난 후에 현금화되는 경우가 많다. 현금 결제를 유도해 식자재 구입과 지출을 처리하는 데 필요한 자금을 만들어두는 것이 좋다.

상권 정하기

업종을 정했다면 그다음은 상권을 자세히 알아볼 차례다. 상권은 창업자의 자금 사정과 밀접한 관계가 있으며 업종의 특성에 따라서도 변수가 생긴다. 예를 들어 대중음식점의 경우 번화가나 주택 등의 넓은 상권이 유리하지만 경쟁이 치열하다는 단점이 있다.

분식집을 창업한 사람이 있다고 가정해보자. 상권과 목이 좋은 자리에 문을 연 가게는 항상 손님이 많지만 실제 수익은

좋은 상권의 기준은?
- 2000세대 이상 대규모 아파트 단지 주변
- 지하철역으로부터 300m 이내인 지역
- 버스정류장으로부터 100m 이내인 지역
- 버스정류장에 정차하는 버스 노선이 다섯 개 이상인 지역
- 10층 이상 대형 건물이 다섯 개 이상 밀집된 지역
- 반경 500m 이내에 동종 업종이 세 개 이상 없는 지역
- 고정인구 2만 명, 고정 세대가 5000세대 이상인 지역

크지 않다. 권리금과 임대료 등 투자비가 너무 많이 들어갔기 때문이다. 동네 길목에 있는 가게라도 투자비와 월세 부담이 적고 혼자 운영한다면 투자수익률은 훨씬 높아진다.

전문음식점의 경우는 어떨까? 전문음식점은 소득이나 생활

대중음식점은 경쟁이 치열하다는 단점이 있다.

135

수준이 높은 상권에서 문을 여는 게 유리하다. 지금까지는 일반음식점에 비해 전문음식점의 점포 수가 많지 않아서 창업의 기회도 많다. 전문음식점은 메뉴와 고객층에 따라서 투자비에 차이가 있다. 최근 유행하고 있는 베트남쌀국수 전문점은 세련된 이미지가 중요한 만큼 인테리어에 투자를 많이 해야 하는 반면, 곤드레나물밥 같은 전통 메뉴라면 인테리어 비용을 아끼고 메뉴에 투자하는 것이 현명한 방법이다.

좋은 상권의 기준은?

상권은 언제든지 바뀔 수 있다. 예컨대 교통이 발달하거나 도시계획이 추진되는 경우에도 그렇다. 이 때문에 창업자는 장래의 어느 시점에 주변 환경이 달라질지 예측하고 점포를 얻어야 유리한 입지를 정할 수 있다. 동일 상권이라도 매장이 고립된 형태보다 활성화된 상가나 주변에 입점하는 것이 좋다.

좋은 상권을 고르는 법

입지를 정할 때 가장 많이 쓰는 방법이 점포 앞 유동인구 수를 파악

생활 패턴에 따른 상권분석

1. **오피스 상권:** 사무실에서 근무하는 30~40대를 주요 고객으로 하는데 시간대별로 구매 양상이 다르다. 점심과 저녁 매출을 중심으로 운영되며 대로변에 소형점포가 없고 소매업 비중이 낮아서 대학가 상권과 비교된다.

2. **대학가 상권:** 20대 젊은 여성이 주요 고객으로 계절에 따라 수요 변화가 크다. 상권 주변에 수요가 발생하며, 대중교통을 이용하는 고객이 많다. 서비스업의 비중이 낮고 소형점포가 많다. 방학 기간은 비수기로 꼽는다.

3. **주택가 상권:** 고객층이 다양해 잠재수요는 크지만 실제 수요는 기대에 못 미친다. 생필품을 파는 마트가 많지만 경쟁이 치열하다는 단점이 있다.

4. **역세권 상권:** 역세권은 수요자 폭이 넓고 유동인구가 많지만 수요의 편차가 심한 게 단점으로 꼽힌다.

동일 상권이라도 상가 주변에 입점하는 것이 좋다.

하는 것이다. 유동인구가 많다고 해서 매출이 반드시 늘어나는 것은 아니며, 점포 앞을 통행하는 유동량 대비 내점률이 어느 정도인지 정확히 파악하는 게 중요하다.

　일반적인 기준에서 보면 장사가 잘되는 가게는 점포 앞 유동인구가 많다. 유동인구에 따라 메뉴 가격도 차이가 생긴다. 유동인구를 집계할 때는 막연하게 눈짐작으로 할 것이 아니라 점포 앞을 지나는 사람 수를 일일이 세어보는 것이 정확하다. 상권 유동인구가 많아도 가게 앞을 지나는 통행량이 적다면, 유동인구 증가가 매출에 큰 도움이 되지 않기 때문이다.

　유동인구를 파악할 때는 시간대와 요일별로 파악해야 한다. 평일과 휴일을 나누어 점심과 오후, 저녁 시간을 중점적으로 파악하되 야간에도 확인해두면 저녁 영업시간을 확정하는 데 도움이 된다.

매출요인과 경쟁요인을 파악하라

상권의 범위에 아파트 단지와 주택 등이 포함돼 있다면 아파트의 세대수와 시간대별 거주민 유동 상황 등을 조사해보는 게 좋다. 점포 앞 도로는 메인도로인지, 거주민이 주로 이용하는 도로는 점포의 출입구와 얼마나 떨어져 있는지 파악하는 것 역시 중요하다.

시간대별 대중교통 이용 현황도 파악해보자. 보통은 출근 시간대(오전 7~9시), 점심 시간대(오후 12~2시), 쇼핑 시간대(오

입지를 정할 때는 당장의 수익을 고려하기보다 장기적인 관점으로 판단해야 한다.

후 4~6시), 퇴근 및 저녁 시간대(오후 6~8시), 야간 시간대(오후 9시~11시) 등으로 나누어 파악하며 이때도 업종에 따라 융통성 있게 조사하는 게 좋다. 일반 음식점의 경우 토스트 전문점처럼 아침 장사를 주력으로 하는 점포는 출근 시간대에, 24시간 영업하는 업종은 주기적으로 조사하는 것이 좋다.

조사할 때는 기본적으로 점포와 거리, 조사 시간대별 이용 인구수, 점포 방향으로 이동하는 접근성 등을 종합적으로 고려해 조사하며 교통 시설이 점포에 미치는 영향을 파악한다. 세부적으로는 버스정류장이나 건널목이 점포 반경 약 100m 이내에 있거나 지하철역이 점포 반경 약 300m 내에 있는 경우 점포와 거리, 시간당 이용 인원수, 점포 접근률을 시간대별로 조사한다.

상권 내에 자신이 하려는 업종과 유사한 점포가 있을 경우 시간대별로 유동인구 수를 세어보는 것도 도움이 된다. 경쟁 점포를 조사할 때는 주요 고객의 특성에 대해 세심하게 조사할 필요가 있다. 경쟁 점포를 이용하는 고객의 연령대와 근무처, 성별 등을 파악해 공략해보자.

발전 가능성이 높은 곳을 택하라

입지를 정할 때는 유망업종인지 아닌지도 중요하지만, 장기적인 관점으로 정하는 게 성공 포인트다. 특히 창업 초보자의 경우 완벽한 A급 상권보다는 당장은 그렇지 않더라도 향후 발전 가능성이 높은 지역에 점포를 얻는 것이 낫다.

발전 가능성이 높은 지역이란 교통 여건이 좋은 곳을 우선으로 꼽는다. 지하철역 주변 점포나 향후 지하철역 개통 예정지라면 우선 검토해야 한다. 교통망이 발달한 곳은 유행이 빠르게 변하고 유망 업종의 전망도 다르므로, 주변 환경 변화를 민감하게 감지할 수 있어야 한다. 예를 들어 투자 규제가 풀려 기업들이 몰리는 인천경제자유구역은 외식 문화에 대한 수요가 풍부하므로 특색 있는 음식점 아이템을 선정하는 것이 적합하다.

예산에 꼭 맞는 점포를 구하기는 쉽지 않은 일이다. 자본 규모가 맞으면서 이익을 낼만한 점포를 구하려면 창업비용과 수익률을 면밀히 따져봐야 한다. 예상 후보지별로 개점 비용과 예상 매출액, 예상 수익, 수익률 등을 따져보고 가능하면 개점 비용이 적게 들면서도 수익률이 높은 곳으로 정할 필요가 있다.

1. 업종을 살펴볼 때는 먼저 지역의 특성과 거주민들의 연령대, 직업과 성별 등을 조사하고 주변 점포들의 업종을 조사해 자신이 하려는 업종이 어느 정도로 영향을 미칠지 예상해보는 게 좋다. 지역의 소비수준을 보면 메뉴의 평균 가격대를 예측해볼 수도 있다. 업종을 선택할 때 감이 잘 안 온다면, 가게를 업종별로 구분해 조사를 해보는 것도 도움이 된다.

2. 상권은 창업자의 자금 사정과 밀접한 관계가 있으며 업종의 특성에 따라서도 변수가 생긴다. 예를 들어 대중음식점의 경우 번화가나 주택 등 넓은 상권이 유리하지만 경쟁이 치열하다는 단점이 있다.

02

나만의
경쟁력 있는 가게 만들기

최근에는 프랜차이즈 음식점의 성업으로 작은 음식점들이 고사 위기에 놓였다고 말하는 이들도 있다. 소규모의 음식점이 자금과 조직력, 체계화된 매뉴얼로 무장한 프랜차이즈 음식점과 경쟁한다는 것은 무의미한 일이다. 그렇다면 자영 음식점의 성공 가능성은 무엇으로 말할 수 있을까?

매장 규모가 작은 게 문제는 아니다. 타 매장과 차별화된 경쟁력을 가졌는지 생각해보자.

프랜차이즈 음식점이 성업하는 가운데서도 소규모 음식점은 날마다 생기고 있다. 이들 중 대다수는 개업 이후 3년을 넘기지 못하지만 차별화된 경쟁력으로 프랜차이즈 음식점 못지않게 높은 매출을 올리는 곳도 많다. 매장 규모가 작고 운영 인력이 적다고 장사를 못한다는 건 핑계일 수도 있다.

프랜차이즈 음식점 또한 실패할 수 있다. 중요한 것은 타 매장과 차별화된 경쟁력과 노하우를 가졌는지 여부다. 자영 음식점이 프랜차이즈 가맹점과의 경쟁에서 뒤처지는 이유는 동등한 조건을 가지려고 하기 때문이다. 시설과 인테리어에 많은 돈을 투자하고 많은 인력을 채용한다고 성공이 보장되는 게 아니다. 자영 음식점은 프랜차이즈 음식점과는 차별화된 영업 전략이 필요하다. 많은 예비 창업자들이 부담스러워하는 시설투자 금액 또한 최소한으로 하고, 인테리어 역시 큰 비용을 투자하기보다 깔끔한 분위기를 연출하는 게 중요하다.

자영 음식점의 강점은 생각보다 많다. 대표적인 강점 중 하나가 매장 운영에 차별화된 전략을 도입할 수 있다는 것이다. 실제 자영 음식점으로 성공한 매장을 보면 마치 작은 배를 운영하듯, 작은 가게의 장점을 살려서 다양한 영업 전략을 도입해 성공한 사례가 많다.

예를 들어 매장에 새로운 메뉴를 도입할 때도 재료 조달이나 배송에 신경 쓸 필요 없이 재료를 사다가 곧바로 요리한 다음 메뉴로 올릴 수 있으며, 서비스 측면에서도 매뉴얼을 따지지

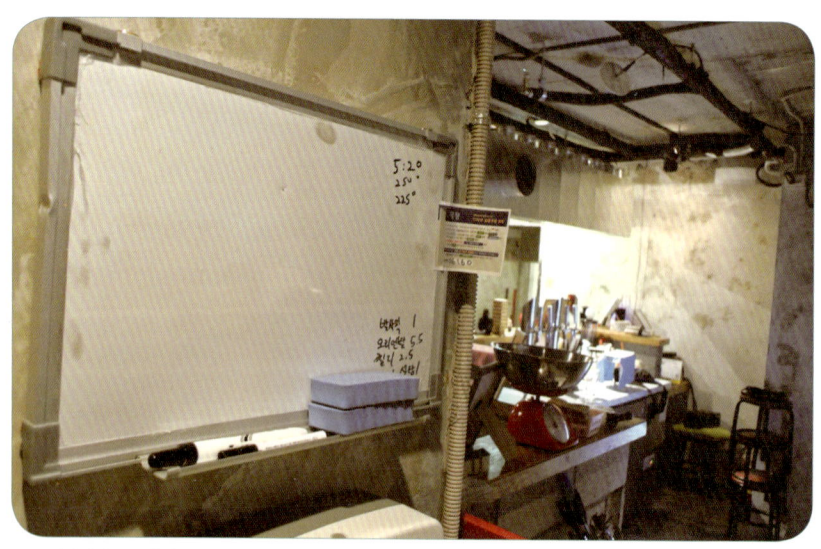

인테리어에 큰 비용을 투자하기보다 깔끔한 분위기를 연출하는 게 중요하다.

않고 필요나 상황에 따라서 고객의 요구에 맞게 즉각적으로 대응할 수 있다.

자영 음식점의 장점을 한마디로 요약하면 '개성 있는 음식점'이라고 할 수 있다. 다른 음식점과 같은 메뉴를 다루더라도 주방장의 취향이나 스타일에 맞는 색다른 요리로 바꿀 수 있고, 자영 음식점만의 서비스를 개발할 수 있다. 이러한 자영 음식점은 사장이 가진 매력을 고객에게 적절히 어필하는 게 가장 중요하다.

자영 음식점에 오는 고객은 가게 음식은 물론, 사장의 매력을 보고 찾아오는 경우가 많다. 손님에게 좋은 가게란 자신의 취향과 감각에 맞는 가게이기도 하다. 자영 음식점에 꼭 많은 고객이 찾아올 필요는 없다. 10명 중 서너 명만 찾아와도 수익을 낼 수 있다. 자영 음식점에서만 제공할 수 있는 서비스를 찾아내고 손님을 꾸준히 오도록 만드는 게 경쟁력이 될 수 있다.

음식점 창업 절차

나만의 가게를 개업하려면 어떤 절차가 필요할까? 우선 음식점을 창업할 때는 관청의 허가가 필요하다. 일반음식점으로 영업신고를 하고 영업신고증을 받아 영업하면 된다. 음식점 영업신고는 보통 시군구 위생담당 부서에서 관할한다. 지역에 따라 환경위생과, 민원위생과, 사회복지과, 주민생활지원과 등으로 나뉘어 있으며 행정기관을 방문하기 전에 미리 소속부서를 알아보는 것이 좋다.

음식점은 허가된 건축물이어야 하고 용도는 일반음식점으로 분류돼 있어야 한다. 2층이나 지하층에서 영업할 때는 관할 소방서장이 발행하는 안전시설 등 완비증명서를 구비해야 한다. 영업자는 보건복지부장관이 지정하는 교육시설에서 여섯 시간 사전 위생교육을 받은 다음, 관련 서류를 제출하면 된다.

기존 음식점을 인수한 경우 영업자 지위승계신고서를 제출한다. 이때 신고서와 양도·양수 증명 서류, 영업신고증, 수수료와 위생교육 이수필증이 필요하다.

점포 계약 시 꼭 챙겨야 할 사항은?
• 허가받은 건물인가?
• 계약한 건물이 서류와 일치하는가?
• 무허가로 무단 증축된 부분은 없는가?
• 건축물 용도가 '2종 근린생활시설 일반음식점' 용도인가?
• 150㎡ 이상으로 1/2 이상을 금연구역으로 지정했는가?

(기존 업소 인수 시)
• 인감증명서 인물이 영업신고증 영업주와 일치하는가?
• 양도양수서에 날인된 도장은 인감도장인가?
• 여섯 시간 사전 위생교육을 이수했는가?

창/업/포/스/트/잇

점포 인수 시 주의사항은?

점포를 인수할 때는 인수하는 점포의 장래성과 적정 권리금 및 임대료 등을 고려해 정한다. 아울러 향후 상권 변화 가능성과 고객 수의 변화도 살펴봐야 한다. 소규모 점포는 2~3년 내에 창업 성패가 결정되므로 이를 고려하여 인수 여부를 결정하도록 한다.

점포의 콘셉트 정하기

음식점은 영업 성과로 말한다. 음식 장사는 고객이 어떤 메뉴에 손을 들어줬느냐에 따라 매출에 차이가 생긴다. 고객에게 효과적으로 다가가기 위한 전략은 결국 점포의 콘셉트가 무엇이냐에 달린 문제다. 음식점의 콘셉트를 정할 때는 자신이 의도한 바를 정확하고 간결하게 표현할 수 있어야 한다.

음식점의 콘셉트라고 해서 어렵게 생각할 필요는 없다. 음식점의 콘셉트는 '우리 가게의 경쟁력을 표현해주는 한 마디'로 이해하면 된다. 예를 들어 '9900원으로 피자 무한리필'이라든지 '5000원으로 즐기는 스시 도시락'처럼 고객이 음식점의 특징을 단번에 파악할 수 있으면 된다. 콘셉트가 없다고 하는 음

고객에게 다가가기 위한 음식점의 전략은 점포의 콘셉트가 무엇이냐에 달린 문제다.

식점 또한 자신의 강점과 약점을 분석해보면 콘셉트를 도출할 수 있다.

점포 콘셉트를 정할 때는 몇 가지 주의할 점이 있다. 우선 가게의 테마가 무엇인지 알아야 한다. 음식점에서 파는 메뉴나 인테리어 디자인 등은 테마에 영향을 미치는 요소들이다. 테마는 '편안함', '고급스러움'처럼 느낌으로 표현할 수도 있지만 특정 연령대에 맞는 분위기로 특화시킬 수도 있다.

그다음은 점포 콘셉트를 구체적으로 표현할 방법을 정해야 한다. 이것은 실내 인테리어나 홀, 주방 등 공간의 분위기에 따라서도 달라지며, 고객에게 음식을 제공하는 방식과 서비스에 따라서도 달라질 수 있다. 점포 콘셉트는 점포에 온 고객에게 어떤 음식을, 어떻게 서비스할 것인지에 대한 총체적인 개념이라고 볼 수 있다.

그다음으로 매장 규모를 살펴보자. 평수에 따라서 좌석과 테이블을 얼마나 들여올지 가늠할 수 있다. 좌석 수나 테이블 배치는 음식점 매출에 중요한 영향을 끼치는 만큼 신중하게 결정하는 것이 좋다. 마지막으로 가게에서 언제까지 영업할 것인지를 고려해야 한다. 영업일 수와 시간을 조정하는 것은 목표 매출액과 인건비 등 운영비를 산출하는 기초가 되며, 재무성과지표에도 영향을 준다. 이 때문에 주변 상권의 특성과 점포 운영 방법에 맞게 결정하는 것이 좋다.

인테리어 스타일

음식점 창업자들이 가장 어려워하는 부분이 바로 인테리어다. 인테리어 공사는 점포 임대 시 가장 중요한 부분일뿐더러 적지 않은 비용이 들어가는 부분이다. 하지만 잘 모른다는 이유로 대부분 업체에 한꺼번에 맡기거나 아마추어 신력으로 혼자서 도전하다가 실패하는 경우도 비일비재하다.

　인테리어는 어떻게 하는 것이 가장 효과적일까? 소자본 창업자들은 인테리어에 많은 돈을 쓸 처지가 못 된다. 돈을 쓸 데가 너무 많기 때문이다. 따라서 큰돈을 주고 업자에게 인테리

매장 내부의 벽면 재질과 색상, 계산대 위치 등을 골라두면 인테리어가 한결 수월해진다.

어를 통째로 맡기는 것은 지혜로운 생각이 아니다. 우선 인테리어를 하기 전 자신이 어떤 매장을 원하는지 머릿속에 구체적으로 그려보는 게 중요하다. 인테리어 디자인을 하기 전 간판 색이나 모양, 크기, 출입구의 위치 등 동선을 미리 정해두라는 얘기다. 또한 매장 내부의 벽면 재질과 색상, 계산대 위치 등을 골라두면 인테리어가 한결 수월해진다.

인테리어 업자를 부를 때는 보통 두 가지 방법을 쓴다. 먼저 인테리어에 지식이 있는 사람이라면 업자를 개별적으로 고용해 비용을 절감한다. 업자를 따로 부를 자신이 없는 사람은 업체에게 맡기는데 이때에도 일괄 공사를 맡길 경우 어느 정도의 비용은 감수해야 한다. 수많은 음식점 창업자들이 프랜차이즈를 선택하는 이유도 본사에서 디자인을 정해주므로 창업자가 인테리어 공사를 크게 신경 쓰지 않아도 되기 때문이다.

물론 프랜차이즈를 통해 인테리어를 하면 개별적으로 업자를 고용할 때보다 평당 공사비가 비싸진다. 이 때문에 프랜차이즈 가맹을 했을 경우, 사전에 가맹본부와 충분한 검토를 거쳐 점포 이미지를 어떻게 구축할 것인지 고민해야 한다.

외관에도 신경을 써라

수많은 창업자가 인테리어에 신경 쓰느라 가게 겉모습을 간과하는 경우가 많다. 손님은 가게 겉모습을 보고 매장에 들어갈지 말지를 결정하는데, 정작 창업자는 인테리어에 신경 쓰느라 가게 외관을 소홀히 하는 경우가 있기 때문이다. 하지만 아무리 맛있는 음식을 팔더라도 매장 외관이 지나치게 낡았거나 칙칙한 분위기가 난다면 고객은 매장에 들어오지 않는다.

점포 외관은 간판과 쇼윈도, 가게 앞 공간으로 나눈다. 이 중에서 가장 중요한 부분이 정면이다. 고객이 점포 분위기에 매력을 느껴서 안으로 들어가고 싶은 충동이 생겨야 한다. 매장 앞은 입구 주변이 청결한지, 통행에 방해되는 장애물은 없는지, 창문이나 타일, 안내 포스터가 지저분하지는 않은지 등을 점검해야 한다.

가게 외관에는 전면 간판 말고도 고객이 매장을 잘 확인할

맛있는 음식을 팔더라도 매장 분위기가 칙칙한 느낌이 난다면 고객이 오지 않는다. 깔끔한 분위기를 만드는 게 중요하다.

수 있는 POP나 입간판을 세워서 매장을 알릴 필요가 있다. 이
때 가격만 표시하는 게 아니라 메뉴 사진을 함께 보여줌으로써
호기심을 끄는 게 중요하다. 보통 가게 앞에는 배너를 세우는
데 특정 프로모션이나 이벤트를 홍보할 때 유용하다.

핵 / 심 / 포 / 인 / 트 / 요 / 약

1. 매장 규모가 작고 운영 인력이 적다고 장사를 못한다는 건 핑계일 수
   도 있다. 프랜차이즈 음식점 또한 실패할 수 있다. 중요한 것은 타 매
   장과 차별화된 경쟁력과 노하우를 가졌는지 여부다. 자영 음식점이
   프랜차이즈 가맹점과 경쟁에서 뒤처지는 이유는 동등한 조건을 가지
   려고 하기 때문이다.

2. 음식점의 콘셉트는 '우리 가게의 경쟁력을 표현해주는 한 마디'로
   이해하면 된다. 예를 들어 '9900원으로 피자 무한리필'이라든지
   '5000원으로 즐기는 스시 도시락'처럼 고객이 음식점의 특징을 단번
   에 파악할 수 있으면 된다. 콘셉트가 없다고 하는 음식점 또한 자신의
   강점과 약점을 분석해보면 콘셉트를 도출할 수 있다.

03

장사 잘되는
가게의 조건

사장이 앉아서 손님을 기다리는 가게를 누가 좋아할까? 한 가지 메뉴를 고집하거나 아침과 저녁 메뉴가 똑같은 집도 마찬가지다. 물론 경쟁력에 따라서 한 가지 아이템을 밀어붙이는 건 좋다. 하지만 손님 입장에서는 때와 이용 목적에 따라 음식점에 기대하는 정도가 제각각 다르다.

고객은 음식점에 들어오기 전에 어떤 기준으로 가게를 선택할까? 입소문을 들었거나 혹은 미리 가게를 알고 찾아오는 경우도 있지만 겉으로 보이는 이미지와 느낌을 보고 선택할 때가 많다. 업종에 맞는 이름과 인테리어, 그리고 간판이 있는 가게는 은연중에 음식점 수준을 고객에게 드러내고 있는 셈이다.

창업 전문가들은 간판이 업소의 수준을 70%가량 표현한다고 한다. 흔히 길을 가다 보면 말장난 같은 간판이나 성의 없이 지은 것처럼 보이는 식당 이름도 있는데, 이는 치명적인 실수라고 볼 수 있다. 고객이 기분을 풀러 가는 선술집이라면 상관없지만, 음식을 파는 식당이라면 가게 이름에 특히 신경을 쓸 필

주요 고객을 누구로 설정할지, 연령대를 어떻게 정할지에 따라서 메뉴가 달라진다.

요가 있다. 간판이 너무 화려해도 좋지 않다. 메뉴가 비싸 보이고 음식보다는 가격에 더 눈길이 가기 때문. 음식점 간판은 메뉴의 종류와 음식점 인테리어, 그리고 외관이 일관성 있는 것이 가장 좋다. 간판은 가급적 크고 눈에 잘 띨수록 좋은데 외국어로만 쓰지 않도록 주의한다.

고객의 호감을 끄는 메뉴판도 따로 있다. 음식점에서 파는 메뉴가 비싸다고 맛있는 게 아니며, 저렴하다고 맛없는 메뉴인 것도 아니다. 메뉴는 나름의 일관성을 갖춘 것이 가장 좋은데, 겉보기에 일관성이 없고 중구난방처럼 느껴진다면 어딘가 잘못된 것이다. 요리에 자신 있다면 단일 메뉴만 전문적으로 취급하는 것도 좋다. 오래된 음식점일수록 메뉴 수가 적은 편이다. 메뉴가 많은 음식점이라도 통일성을 갖춰야 한다는 것을 잊지 말자.

고객이 좋아하는 메뉴를 찾아라

고객은 어떤 메뉴를 좋아할까? 밖에서 밥을 먹는 사람들을 떠올려보자. 세 끼를 전부 외식으로 해결한다면 1년에 약 1000여 곳이 넘는 음식점에 가게 된다. 이 중에는 한식과 일식, 중식 등 다양한 메뉴가 포함돼 있을 것이다. 육류, 해산물 등 식재료의 종류도 다양하다. 음식 메뉴를 간단히 분류해보면 일반적으로 기운을 북돋아 주는 보양식과 숙취를 해소하는 해장식, 그리고 가정식, 전통음식, 전문음식 등으로 구분한다. 메뉴는 음식점 성공에 중요한 변수가 되는 만큼 주요 고객을 누구로 설정할지, 연령대를 어떻게 정할지에 따라서 달라질 수 있다. 만약 40~50대 직장인을 상대로 음식점을 한다면 저녁 식사를 안주로 삼아 술 한 잔 할 수 있는 해장국이나 순댓국 등의 아이템을 떠올려볼 수 있다.

점심 메뉴는 가격대비 맛과 품질이 좋아야 하며, 저녁 메뉴는 술안주로 손색이 없는 아이템을 골라야 한다. 똑같은 메뉴라도 기름기 있는 음식으로 할지, 담백한 음식으로 할지를 결정한다. 모든 메뉴는 가급적 짧은 시간 안에 손님에게 제공할 수 있어야 하며, 끓이는 데 시간이 필요한 찜 종류는 고객에게 메뉴가 나오는 시간을 설명해줄 필요가 있다.

특정 메뉴를 대표 음식으로 정할 경우 음식의 맛과 향, 냄새, 색상을 꾸준히 유지할 필요가 있다. 대중적인 아이템이라면 다른 업소에서는 맛볼 수 없는 향과 맛으로 고유한 개성을 가지는 게 좋다. 손님이 주문할 때도 주인이 직접 메뉴를 설명해주거나, 조리를 담당하는 사람이 주문을 받으면 신뢰감을 줄 수 있다. 음식을 주문받을 때는 손님이 주문한 메뉴를 반복해서 따라 함으로써 손님이 들을 수 있도록 한다. 손님이 어떤 메뉴를 주문할지 망설일 때는 대표 메뉴를 재빨리 알려주는 것도 방법이다. 메뉴를 결정하지 못한 고객은 대부분 옆에서 권하는 음식을 주문하는 경우가 많기 때문이다.

음식점이 잘 되려면 주인의 손이 커야 한다는 말이 있다. 당

음식점이 잘 되려면 주인의 손이 커야 한다.

연한 말이지만 손님에게는 인색한 것보다 양을 푸짐하게 주는 것이 좋다. 남는 음식은 고객이 포장해갈 수 있도록 하거나, 혹은 매장 내에서 무한리필 서비스를 해주는 것도 방법이다. 어떤 식으로든 고객의 입맛을 사로잡으면 그 매장은 입소문을 타고 홍보가 된다. 음식점이 성공하기 위해서는 사장이 새로운 메뉴를 개발하고 고객들의 입맛을 책임지는 열정을 잃지 말아야 한다는 점을 기억하자.

매장 관리 노하우

고객 관리의 핵심은 단골손님 확보다. 단골손님에도 여러 종류가 있다. 가끔이지만 꾸준히 오거나 2주에 한 번 이상 들르기

나 패턴은 다양하다. 장사가 잘되는 음식점일수록 단골손님의 비중이 높다. 단골손님이 많은 음식점은 불황에 관계없이 안정적인 매출을 올릴 수 있다. 음식점을 찾는 고객 중 50% 이상이 단골손님이라면 자리를 잡은 음식점이라고 봐도 된다.

단골손님은 노력해야만 생긴다. 고객을 상대할 때는 부담스럽지 않으면서도 친절하게 대하는 게 핵심이다. 친절을 기본으로 하여 고객과 적극 소통하며 고객의 의견을 반영해나가는 음식점은 단골손님이 끊이지 않는다. 우연히 음식점에 들른 고객이라도 맛과 서비스에 만족하면 그 고객은 단골손님이 된다. 이런 고객은 다음번에도 매장을 찾고, 주변 사람들에게도 입소문을 내줌으로써 음식점 매출이 자연스럽게 높아진다.

모든 음식점은 이 단계로 가는 과정을 거치기 위해 고생한다. 어떤 음식점은 개업 후 한두 달 만에 단골손님을 확보하는 반면, 개업한 지 1년이 넘도록 단골손님을 확보하지 못하는 음식점도 있다.

고객이 매장에 만족을 느끼는 데는 음식 맛은 물론 서비스, 인테리어, 심지어는 화장실 위생까지 매우 폭넓은 요소가 작용한다. 이 중에서 고객의 마음에 가장 큰 영향을 주는 것은 점원과 사장의 태도다. 실제 음식점의 맛이 뛰어나더라도 사장의 고객 관리 능력 부족으로 손님이 떨어져 나가는 경우가 많다. 음식은 메뉴를 바꿀 수 있지만 한 번 고객의 머릿속에 굳어진 가게의 이미지는 되돌릴 수 없다. 특히나 요즘은 매장이 불친

매장을 알릴 때는 간판이나 신문 기사 등 다양한 방법을 동원해야 한다.

절하거나 서비스가 형편없다면 곧바로 입소문이 나 고객의 발
길이 끊기게 마련이다.

　고객을 만족시키기 위해서는 어떤 노력을 해야 할까? 고객
이 음식점에 요구하는 것은 맛과 서비스다. 이 둘은 서로 다른
것처럼 보이지만 실은 동일한 가치를 지닌다. 고객은 맛있는 음
식을 먹으면서도 자신이 소중한 존재로 대접받기를 원하므로,
좋은 음식을 먹더라도 서비스의 질이 나쁘면 음식 또한 맛이
없다고 느낄 수 있다.

　현재 자신이 운영하는 음식점이 고객들에게 진정한 만족과

장사 잘되는 가게의 조건

즐거움을 주는지 자문해보자. 사장이 매장을 찾는 고객을 고맙게 생각하는지도 중요하다. 고객이 생각하는 탁월한 서비스는 다른 데 있지 않다. 친절하고 빠른 서비스, 고객의 요구를 만족시킬 만한 섬세한 감각까지 갖고 있다면 더욱 좋다.

고객과 직원의 짧은 대화는 고객이 음식점에 대한 인상을 결정짓는 순간이다. 예약 전화를 하거나 음식점에 들어서는 순간, 음식을 주문하는 순간 등 고객과 점원이 접촉하는 순간이 모두 만남의 순간인 셈이다. 고객이 원하는 식당과 점원의 이미지가 실제와 똑같다고 느낄 때, 고객의 만족도는 높아지고 매장 재방문율이 높아진다.

고객과 직원의 짧은 대화는 고객이 음식점에 대한 인상을 결정짓는 순간이다.

내 가게 홍보하는 법

누구나 많은 돈을 들이지 않고 가게를 홍보하고 싶어 한다. 어떻게든 많은 손님을 끌어오기 위해서다. 길거리에 수많은 음식점이 홍보 전단지를 뿌리고, 신문 한 귀퉁이에라도 광고하려는 건 다 그 때문이다. 홍보 이벤트를 여는 것도 고객에게 '우리 가게 음식 맛에 대한 평가를 해주세요'하고 요청하는 것이나 다름없다. 음식점 개업 이후 고객을 끌어모으는 효과적인 홍보 전략에는 무엇이 있을까?

• 오픈기념 이벤트

오픈 이벤트는 불특정 다수의 고객에게 점포를 홍보하는 이벤트다. 처음 개업했을 때 가게 상호와 위치를 각인시키는 효과가 있지만, 적잖은 홍보비를 참작해야 한다. 가게 앞에 풍선을 설치하고 내레이터를 동원해 할인쿠폰을 나눠주는 방법이 일반적이다. 오픈기념 이벤트라고 해서 하루만 행사하는 것은 아니다. 대형 점포의 경우 개업 이후 2~3일 동안 꾸준하게 이벤트를 하기도 한다.

• 전단지 배포

전단지 배포는 요즘 흔한 홍보수단이 되었지만 신규 점포를 알리는 방법으로 여전히 많은 이들이 사용한다. 전단지는 신문에 삽지로 넣어 고객에게 전달하는 방법도 있지만, 거리에 나

최근에는 페이스북 등 SNS를 통해 가게 홍보도 활발하게 이뤄지고 있다.

가서 사람들에게 직접 나눠주는 게 훨씬 효과적이다.

전단지를 작게 만들어서 점포 주변 통행량이 많은 곳에 붙여두는 것도 방법이다. 전단지에는 개업 후 경품이나 서비스 혜택이 있다는 문구를 강조해서 넣는 것이 좋다. 평범한 전단지보다 다소 튀더라도 눈에 띄는 전단지가 홍보 효과는 더 크다. 홍보 내용과 판촉 기간, 상호 등을 자세히 기록할수록 좋다. 전단지에 무료 시식 쿠폰이나 할인 쿠폰을 넣어 배포하는 것도 방법이다. 1인분을 주문하면 추가로 1인분을 주는 덤 마케팅 방법도 자주 쓰인다.

하지만 할인 쿠폰의 경우 행사 기간이 길수록 주변 경쟁 점포와 마찰이 생기거나, 자칫 고객들에게 질 낮은 매장이라는

이미지를 심어줄 수 있으므로 홍보 기간은 열흘을 넘기지 않는
게 좋다.

• 현수막

가게를 오픈하기 전 공사 현장에 오픈 예고 현수막을 걸어놓는
경우가 많다. 이는 개업 전부터 매장을 홍보하며 고객이 매장
에 궁금증을 갖도록 기대하게 하는 효과가 있다. 현수막을 걸
때는 단순히 상호 명이나 연락처만 넣지 말고 재미있는 문구를
활용해 눈길을 끄는 것이 좋다. 치킨 전문점의 경우 '맛없는 치
킨을 먹기에는 인생이 너무 짧다' 같은 재치 있는 문구를 쓰는
곳도 있다.

가격으로 고객 끌기

메뉴 가격은 재료 원가, 인건비, 영업활동비, 세금을 더한 금액
으로 산출된다. 원가분석을 하지 않고 메뉴 가격을 정하는 사

창/업/포/스/트/잇

평범한 음식점이 아닌 뚜렷한 콘셉트를 가진 음식점이라면 광고에 투자하는 것도 방법
이다. 광고는 신문이나 잡지, TV 등에 맛집으로 소개되면 무료로 광고효과를 얻을 수 있
지만, 이는 매우 드문 경우라고 할 수 있다. 어느 정도 예산이 확보돼 있다면 지역 케이블
방송에 광고비를 내고 홍보 영상물을 내보기도 한다.

장도 있지만, 수많은 점포가 치열하게 경쟁하는 상황에서 가격으로 승부를 하려면 반드시 적정 메뉴 가격을 따져볼 필요가 있다.

가격은 제품의 원가와 경쟁 점포의 가격을 고려해 정한다. 보통은 시장에서 형성된 가격보다 고가로 할 것인지, 저가로 할 것인지를 먼저 정한다. 이때에는 메뉴 경쟁력을 고려해야 함은 물론 점포 주변의 배후지에 사는 고객의 생활수준까지 면밀히 따져볼 필요가 있다.

신용카드 결제를 허용할지, 최대 할인 폭을 얼마로 해야 할지도 중요한 변수다. 간혹 음식 맛이 뛰어난 매장에서 종업원이 카드 결제를 거부하거나 부가세를 따로 책정해 고객이 불만을 터뜨리는 경우가 있다. 그리고 신용카드 결제가 된다고 했다가 막상 고객이 카드를 내밀면 인상을 찌푸리는 것은 엄연한 실수다.

단기간에 고객을 매장으로 유인하고 싶다면 가격 할인 정책을 쓰는 것도 방법이다. 가격 할인은 일정 기간만 특정 메뉴를 할인해서 파는 것으로, 보통 소규모 점포에서는 일부 메뉴에 할인 행사를 실시해 신규 고객을 유치할 수 있다. 혹은 매출이 떨어지는 시간대를 겨냥해 이 시간에 매장을 방문한 고객에게는 메뉴를 저렴한 비용으로 구입할 수 있도록 한다. 점심 매출이 떨어진 낮 시간대를 겨냥해 특선메뉴를 할인가에 판매하는 것도 효과적인 전략이다.

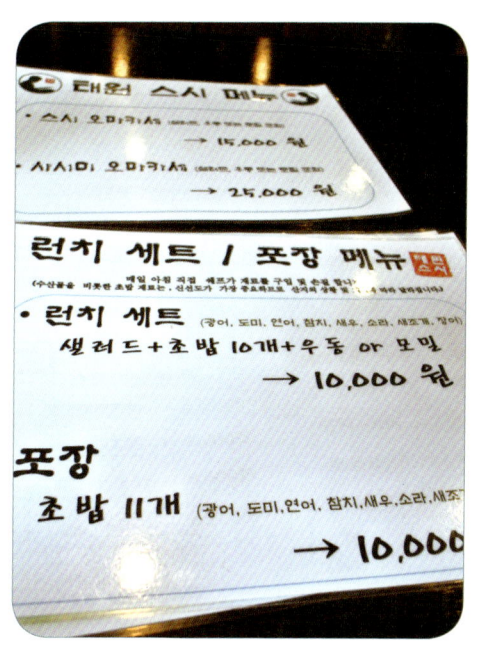

점심 매출이 떨어진 낮 시간대를 겨냥해 특선메뉴를 할인가에 판매하는 것도 효과적인 전략이다.

가격을 할인해주는 방법으로는 전단지와 쿠폰이 있다. 전단지는 잠재 고객의 거주지와 취약 지역을 선별히는 과정이 반드시 필요하다. 이렇게 하면 무차별로 광고지를 살포하는 것보다 실제 수요 고객에게 효과적으로 매장을 알릴 수 있다.

쿠폰은 현재 매장을 방문한 이들에게 보상을 해주는 방법이다. 어떤 고객이 점심 시간에 매장을 방문했다면 저녁 시간대나 주말에 방문했을 때 쓸 수 있는 할인 쿠폰을 제공하는 것이다. 일정 금액을 쓰면 할인해주거나 무료 시식 쿠폰을 주는 것도 방법이다. 이 방법을 활성화하려면 사전에 포인트 적립과 경품 내용을 고객에게 알리거나, 할인 혜택이 있는 고객카드를 발급해줘야 한다.

입소문 마케팅의 힘을 활용하라

음식점은 입소문의 힘이 센 업종이다. 그럴듯한 광고로 사람들을 현혹하기보다, 믿을 만한 맛집 블로거가 글을 한 번 올리

면 '대박집'으로 이름을 알릴 수 있다. 또한 유명 블로거가 아니
더라도 가족이나 친구, 주변 사람들의 맛집 체험기는 믿을 만
한 품질보증서와 같다. 음식점 홍보는 그만큼 고객들의 평가가
절실한 업종이라고 봐도 된다.

최근에는 입소문으로 하루아침에 유명해진 음식점이 꽤 많
다. 블로그나 SNS를 이용하는 이들이 많아지면서 온라인에서
음식점 방문 후기를 공유하며 소통하는 것이다. 특히 맛집 관
련 카페나 커뮤니티에는 단순히 음식점 정보를 교환하는 차원
을 넘어서 맛집에 관한 체험기를 공유하는 이들이 많아졌다.

매장에 온 고객이 입소문을 내게 하려면 고객의 궁금증이나
고객이 듣고 싶어 하는 흥미로운 콘텐츠를 더 많이 확보해야

맛집/흑돼지맛집/돼지갈비맛집/안동돼지갈비 2014.07.09
등촌역 맛집/**안동돼지갈비**. 목동 등촌역에 단골 돼지고기집이 있습니다.. 삼겹살과 목살은
제주 흑돼지만을 취급하고 돼지 생갈비와 양념갈비는 주인장의 고향.....
blog.daum.net/happymeals/799 맛있고 가슴 따뜻한... 블로그 내 검색

[필드림] 결반찬도 맛있는 목동 안동돼지갈비 2014.02.26
목동맛집인 **안동 돼지갈비** 맛집 탐방이었습니다. 9호선 등촌역에서 걸어서 3분거리 입니
다.(02-2647-8886) 추천과 +구독은 더 좋은글의 원동력이 됩니다 재활용 자연보호
blog.daum.net/fieldream/1002 필드림의 재택생활 블로그 내 검색

더 큰 생돼지갈비 맛집 [목동맛집] 안동돼지갈비 2013.10.22
안동돼지갈비. 고기좋아하는 맛집블로거 행복끼니의 단골집이 목동 등촌역에 있답니다. 고
기본연의 맛을 좋아하고, 달달한 양념맛은 별로 안좋아하기때문에 소돈...
blog.daum.net/happymeals/531 맛있고 가슴 따뜻한... 블로그 내 검색

안동 돼지갈비 그리고 내일 경기. 2014.08.16
아우와 오늘 안동호에서 프렉티스를 하고 내일은 아우가 프로로써의 첫 스타트를 저와 함
께 합니다. 미천한 실력이지만 도움이 될런지 모르겠네요. 맛 있는 **돼지 갈비**도...

가족이나 친구, 주변 사람들의 맛집 체험기는 믿을 만한 품질보증서와 같다.

한다. 음식점 내의 서비스도 중요하지만 음식에 대한 스토리를 가진 매장이라면 입소문 확보에 유리하다. 고객이 메뉴의 특징에 대해 물었을 때, 이를 짤막한 스토리로 전할 수 있다면 고객은 입소문을 내기 시작한다. 이는 고객을 영업사원으로 만드는 전략이다. 음식점 팬이 된 고객은 주변 직장 동료나 가족, 친구 등에게 이를 홍보할 것이다.

매장에 온 고객을 모두 단골손님으로 만들 수는 없지만 서비스 만족도가 높은 고객은 충성고객이 될 확률이 높다. '맛있게 잘 먹었다'는 표현을 적극 하는 고객이라면 주변 이들에게 음식점 정보를 공유할 것이다. 이런 고객은 더 많은 이들에게 매장 입소문을 퍼뜨릴 수 있도록 관리해야 한다. 충성 고객을 얼마나 확보하느냐가 음식점 마케팅에서 가장 중요한 점이다. 주거 밀집 지역에 자리한 매장이라면 지역 부녀회나 향우회 같은 정기모임 회원들을 관리할 필요가 있다.

어느 상권을 보더라도 특정 지역 출신이 거주하는 비중이 높으므로 향우회 임원들을 초대해 회식 자리를 만들어주거나, 향우회 단체에 찬조금을 내 유대관계를 만들어두는 것도 나쁘지 않다. 일반 사무실 또는 공장 밀집 지역이라면 결제 담당자가 누군지 파악해 주기적으로 안부 전화를 걸거나, 명절에 간단한 답례품을 전달함으로써 매장 예약을 유도하도록 한다.

온라인 매체나 지역 신문에 홍보하는 것도 무시할 수 없다. 우리 가게를 뉴스거리로 만드는 방법이 무엇인지 창의적인 아

이디어를 내보자. 지역 내에서 입소문을 좌우하는 사람을 초
대해 특별 이벤트를 만들거나 '100인분 무료 시식회'를 열어 지
역신문 기자들을 초대하는 것도 방법이다. 어떤 이들은 연예인
과의 개인적 친분을 활용해 음식점을 홍보하는 경우도 있다.

핵 / 심 / 포 / 인 / 트 / 요 / 약

1. 메뉴는 음식점 성공에 중요한 변수가 되는 만큼, 주요 고객을 누구로 설정할지, 연령대를 어떻게 정할지에 따라서 달라질 수 있다. 특정 메뉴를 대표 음식으로 정할 경우 음식의 맛과 향, 냄새, 색상을 꾸준히 유지할 필요가 있다. 대중적인 아이템은 다른 업소에서 맛볼 수 없는 향과 맛으로 고유한 개성을 가진 메뉴가 좋다.

2. 가격은 제품의 원가와 경쟁 점포의 가격을 고려해 정한다. 보통은 시장에서 형성된 가격보다 고가로 할 것인지, 저가로 할 것인지를 먼저 정한다. 이때에는 메뉴 경쟁력을 고려해야 함은 물론 점포 주변의 배후지에 사는 고객의 생활 수준까지 면밀히 따져볼 필요가 있다.

판촉에도 특별한 노하우가 있나요?

충성고객을 만들기 위해서는 음식의 질은 기본이며 고객이 음식점에 호감을 느끼도록 꾸준히 관리해주는 게 좋다. 음식점 이미지는 개업 후 진행하는 마케팅 행사에 좌우되는 경우가 많으므로 판촉할 때는 신중하고도 치밀하게 진행할 필요가 있다.

우선 판촉 행사 기획은 시행 1~2개월 전부터 계획을 세우는 게 좋다. 이때 계절적 요인, 고객의 성향, 지역 상황, 경쟁점 판촉 계획 등을 고려해 현실적으로 시행한다. 판촉 행사를 할 때는 행사의 목적과 목표를 분명히 정해야 한다. 신규 고객 창출이나 경쟁 점포와의 경쟁에서 앞서기 위해 고객을 유치하는 등 저마다의 목표가 다르므로 정확한 목표 설정으로 마케팅을 기획하고, 이를 점포 운영에 반영할 필요가 있다.

어떤 사장은 자신만의 독특한 판촉 이벤트로 고객을 끌어모으기도 한다. 예를 들어 고객이 덜 붐비는 시간에 상품을 저렴하게 판매하는 고객분산 마케팅이나 감성적인 음악으로 고객을 매장으로 유도하는 음악 마케팅도 이색 판촉 마케팅에 속한다.

04

성공하는 음식점의
경쟁력 따라잡기

음식점 영업에도 전략이 필요하다. 개업 이후 노력 끝에 맛있는 음식과 친절한 서비스, 위생적인 분위기 삼박자를 갖추었다면 그다음은 이 요소를 효율적으로 조합해 시너지 효과를 만들 차례다. 성공하는 음식점은 모두 이 세 가지 요소가 조화를 이루는 곳이다.

성공하는 음식점은 음식과 친절한 서비스, 위생적인 분위기가 모두 갖춰진 곳이다.

음식점은 늘 위생적이고 깔끔한 환경을 유지해야 한다. 음식점 내부가 지저분하고 정돈되어 있지 않다면 음식 맛이 아무리 좋아도 손님을 끌 수 없다. 어떤 음식점은 사장의 개인 취향을 반영해 매장에 개인 소장품을 진열해두기도 하는데, 낯설게 느낄 고객이 있을 수도 있으므로 그리 추천하지 않는다.

여러 가지 메뉴를 산만하게 늘어놓는 것도 좋지 않다. 고객은 음식점에서 주력으로 내세운 메뉴를 먹으러 왔는데 '우리 집은 다 맛있다'는 식으로 설명하면 '잘하는 음식이 하나도 없다'라고 말하는 것과 같다. 모든 메뉴가 맛있다고 해놓고 정작 음식이 나왔을 때 고객이 실망한다면 고객은 두 번 다시 그 음식점에 가지 않는다.

매장에 들어온 손님이 혼자일 경우에도 손님을 문전박대하면 안 된다. 간혹 바쁜 시간에 혼자 온 손님을 구석 자리에 앉히거나 손님의 등 뒤에서 불평하는 경우가 있는데, 이렇게 되면 손님은 가게에 좋지 않은 이미지를 갖게 된다. 손님이 다 먹은 음식을 정리할 때는 음식물을 재활용해서는 안 된다. 손님이 사용한 상은 손님이 썼던 물수건으로 한 번 닦고, 소독된 수건으로 한 번 더 닦아서 위생에 신경 쓰도록 한다.

성공하는 음식점의 차별화 전략

음식점을 운영하는 데는 가격우위 전략과 차별화 전략, 그리고

주방은 항상 청결과 위생에 신경 써야 한다.

집중화 전략을 참고할 수 있다. 음식점의 가격전략이란, 예를 들면 경쟁 점포보다 가격을 낮추는 방법이다. 이는 단기간에 고객을 끌어모을 수 있는 방법이다. 하지만 경쟁 점포에서 쉽게 모방할 수 있고 자칫 가격경쟁으로 치달을 수 있다는 단점이 있다.

차별화 전략은 경쟁 점포와는 다른 메뉴를 갖추는 전략으로 가장 효과적이다. 하지만 메뉴 개발이 쉽지 않고 실패할 경우 영업에 타격을 줄 수 있다는 단점이 있다. 마지막으로 고객에게 끊임없이 관심을 갖고 접대하는 고객 서비스 전략이 있는데 이는 누구나 따라 할 수 있다는 장점이 있지만 지속적으로 시도해야만 효과를 볼 수 있다.

> **장사가 잘되는 음식점의 차별화 전략**
> • 가게를 찾은 고객이 입소문을 낼 만큼 만족스러워한다.
> • 넓어서 비어 보이는 것보다 좁더라도 고객이 북적거려 보이게 한다.
> • 서비스가 합리적이고 과도하지 않다.
> • 장사가 잘되는 음식점이라는 분위기를 풍긴다.
> • 대기 고객에게 음료를 제공하는 등 고객에게 관심을 갖는다.
> • 장기간 근무하는 직원이 있어 고객에게 친근함을 준다.

고객의 마음을 움직이는 서비스 요령에 대해서도 알아보자.

1. 새로운 메뉴를 개발하기보다 서비스에 차별화를 두어라

음식점에서 가장 큰 경쟁력은 바로 새로운 메뉴를 개발하는 것이다. 하지만 이는 말처럼 쉽지 않다. 수많은 조리과정을 거쳐 시행착오를 거듭한 뒤 메뉴판에 올려도 성공확률은 10% 이내이다. 또한 어떤 음식점에서 히트메뉴를 개발하면 순식간에 이를 모방하는 이들이 생긴다. 더욱이 최근에는 원조 맛집이 점차 사라지는 추세다. 그러나 서비스 차별화로 경쟁력을 갖추는 방법은 비용도 적게 들뿐더러 여느 음식점에서 쉽게 모방할 수도 없다. 즉, 장사가 안되는 음식점이 쉽게 따라 할 수 없고 효과도 좋은 방법이라고 볼 수 있다.

2. 지나친 할인 이벤트보다는 합리적인 가격을 유지한다

음식점을 처음 개업하면 누구나 많은 매출을 올려 돈을 벌고 싶어 한다. 이 때문에 무분별한 홍보성 이벤트의 일환으로 광

지나친 할인보다는 합리적인 가격을 유지한다.

고나 할인 이벤트를 노릴 수 있다. 하지만 할인에 몰두하면 고객은 그 음식점을 '싼 곳'으로 인식하고 메뉴에 대한 기대를 버리게 된다. 메뉴를 할인해서 팔기 위해 단가가 저렴한 식재료를 구입하게 되고, 따라서 음식의 질이 떨어져 장기적으로는 손해를 볼 수밖에 없다.

3. 서비스 매뉴얼을 만들어둔다

서비스 효율성을 극대화하려면 가게마다 표준화된 서비스 매뉴얼을 만들어둘 필요가 있다. 우리 가게의 특징을 분석하고, 고객의 요구사항을 담은 매뉴얼을 만들어 주기적으로 확인하면서 직원들을 교육하도록 한다. 고객에게 필요한 서비스와 불필요한 서비스가 무엇인지 분석하고, 고객이 원하는 시점에 원하는 서비스를 제공하려면 고객이 어떤 메뉴를 주문하는지, 음식을 얼마나 남기는지까지 관찰해 매뉴얼에 반영하는 게 좋다.

원가 분석의 노하우

음식점은 다른 업종과 달리 규격화된 상품이나 서비스를 파는 게 아니다. 적절한 식재료를 활용해 어떤 메뉴를 만드느냐에 따라 가격과 서비스가 결정되므로 원가 절감이 순이익을 결정하는 핵심적인 요소라고 해도 과언이 아니다. 메뉴의 질을 높이면서도 원가를 절감해주는 효율적인 방법은 무엇일까?

　음식점을 경영할 때는 원가 분석이 필수다. 원가를 어떻게 정하느냐에 따라 매장을 운영하는 데 필요한 비용을 따져볼 수 있다. 원가 요인에는 재료비, 인건비, 시설사용료 등이 있으며 가게 임대 보증금, 전기료, 가스료도 포함된다. 숨어 있는 감가상각비도 고려해야 한다. 시설이나 장비를 일정 기간 사용하면 소모되거나 낡아서 새로 구입해야 하기 때문이다. 감가상각비를 만회하기 위해서는 매달 순수익에서 일정 금액을 따로 적립해두는 것이 가장 좋다. 원가에는 실내 인테리어 비용과 냉장고 교체비용을 포함해야 한다.

원가를 분석할 때 가장 애매한 항목이 바로 서비스 비용이다. 서비스 비용은 인건비에 포함하기도 하지만, 엄밀하게 말하면 인건비와 다른 개념이다. 예를 들어 똑같이 열 가지 반찬으로 만든 백반이라고 해도, 영양의 균형까지 고려한 식단과 단순히 가짓수만 채운 식단은 차이가 생길 수밖에 없다. 반찬 가짓수가 같더라도 재료의 선도가 다르고 조리하는 정성도 다르기 마련이다.

창/업/포/스/트/잇

원가 분석 항목은?

- 재료비
- 인건비
- 홍보 판촉비
- 관리비

- 전화료
- 전기료
- 수도료
- 난방비

- 시설 감가상각비
- 보험료
- 세금

고객이 지불한 금액 이상의 만족을 느낀다면 그 이상의 가치가 있다.

또한 상차림 방법도 가게마다 다르므로 서비스 요금에 차이가 있다. 1만 원짜리 메뉴를 내놓아도 고객이 서비스에 불만족스러워한다면 5000원의 가치밖에 없지만, 5000원짜리 메뉴라도 고객이 그 이상의 만족을 느낀다면 1만 원의 가치가 있다고 볼 수 있다. 어떤 경우든 손님에게 친절하고 적극적인 서비스 마인드로 고객감동을 실천해야 한다. 손님은 항상 옳다는 자세야말로 음식점 사장에게 필요하다.

음식점도 이미지 관리가 필요하다

고객이 자주 찾는 음식점은 저마다 나름의 이미지를 갖고 있다. 고객은 음식 맛과 접근성, 위치, 가격, 서비스 등을 보고 음식점을 선택한다. 음식 맛은 물론 서비스와 분위기가 좋고 가격이 저렴하면서 이벤트가 있는 음식점은 손님이 많다. 반면, 불친절하거나 음식 맛이 없는 가게, 청결하지 않은 가게는 고객이 발길을 끊는다.

맛과 분위기, 서비스 등은 계량화하거나 수치화할 수 없다.

특히 서비스는 눈으로 드러나는 게 아니라 고객이 평가하는 항목이므로 관리하기가 더욱 어렵다. 이러한 요소들은 모두 고객이 가게를 평가하는 데 영향을 미치는 이미지다. 고객의 요구에 맞는 이미지를 만드는 게 중요한 것은 그 때문이다.

우리 가게의 이미지를 좋게 만들기 위해서는 사장과 점원, 그리고 고객의 마음이 통해야 한다. 어떤 고객이라도 가게를 봤을 때 특정한 이미지를 떠올린다면 그 음식점의 개성이 뚜렷한 것이고 따라서 경쟁력도 높아진다.

우리 가게의 이미지를 개선하는 방법에는 어떤 것이 있을까? 음식점은 시각과 청각, 후각, 촉각 등 오감을 통해 개선된다. 음식점이 지저분하거나 불쾌한 냄새가 난다면 가게의 이미지는 음식 맛과 관계없이 '후줄근하고 지저분한 곳'으로 인식될 것이다.

고객을 세분화시켜서 관리하는 것도 방법이다. 손님마다 좋아하는 좌석이 있는데, 이를 잘 기억해두었다가 안내를 한다거나 중요한 손님을 별실로 따로 안내하는 것도 방법이다. 중요한 손님이라면 점원이 안내하는 것보다 사장이 자리로 안내하고 주문을 받는 것이 좋다. 세심한 자리배치와 좌석 안내로 고객을 대하면, 고객 역시 음식점과 주인에 대한 호감도가 높아지고 가게의 이미지를 긍정적으로 인식하게 된다.

사장의 마인드로 승부하라

음식점은 사장의 마음가짐이 메뉴와 서비스에 고스란히 반영되는 업종이다. 누구나 특별한 기술이나 경험 없이 창업할 수 있다는 점에서 쉬운 창업 아이템 같지만, 성공할 확률은 극히 낮은 업종이기도 하다.

음식점 사장의 마음가짐은 메뉴와 서비스 전반에 영향을 준다. 사장의 경영철학이 확고한 음식점은 성공할 확률이 높다. 어떤 식재료를 쓰느냐에 따라 좋은 음식과 나쁜 음식이 갈리듯 사장의 마인드가 어떤지, 즉 열정이 있느냐 없느냐에 따라 음식점의 매출이 갈린다. 음식점을 운영하는 사장이라면 자신만의 열정과 신념으로 고객과의 약속을 지키는 게 중요하다.

사장의 경영철학이 확고한 음식점은 성공할 확률이 높다.

식당은 음식 맛에서 승부를 내는 업종이므로 메뉴개발에 꾸준히 투자해야 한다.

　성공하겠다는 마음가짐이 뚜렷한 사장이라면 어떻게 하면 고객의 입장에서 편리하고 효율적인 서비스를 제공할 수 있을지 부단히 연구하기 마련이다. 고객이 부담스럽지 않은 가격 선에서 질 좋은 메뉴를 개발하기 위해 노력해야 하며, 좋은 재료를 구하기 위해 멀리까지 발품을 파는 것은 물론이고 사장 혼자 두 사람 몫 이상을 소화하는 등 경비를 절약하기 위한 치열한 노력이 뒷받침되어야 한다.

　음식점은 음식 맛이 생명이지만 고객과의 친근한 관계 역시 무시할 수 없는 요소다. 단골손님을 만들기 위해서는 고객의 이름과 직업, 이미지를 기억해두었다가 고객이 가게를 방문했을 때 이를 아는체해야 한다.

단골손님의 리스트를 별도로 만들어놓고 관리하는 것도 방법이다. 식당을 방문한 고객이 적어둔 메일주소와 전화번호를 이용해 이벤트나 할인 정보를 수시로 안내하는 것도 좋다. 어떤 식당이든지 단골손님만 제대로 확보해도 안정적인 매출을 올릴 수 있다.

고객 관리와 함께 중요한 것은 직원 관리다. 비록 소규모 식당이라고 하더라도 직원들이 유대감과 소속감을 가질 수 있도록 하고 사장과 마음을 털어놓을 수 있는 관계가 되면 음식점 경영은 안정권에 든다. 또한 사장은 직원에게 비전을 제시해줄 의무가 있다. 음식을 팔아서 더 많은 돈을 벌겠다는 것보다, 직원의 꿈을 실현해주고 고객에게 만족감을 주는 사업장으로 만드는 것이야말로 이상적인 음식점의 모습이다.

열정 있는 사장은 시대의 흐름을 간파하고 이를 매장 운영에 적절히 반영할 수 있어야 한다. 음식은 특히 유행의 변화에 민감하다. 하루에도 수많은 음식점이 생겼다가 없어지는 이유가 바로 그 때문이다. 사장은 시기별로 어떤 음식이 유행하는지 파악하고, 가게에서 파는 메뉴와 종류가 다른 음식이라도 유행하는 음식의 특성을 메뉴에 반영할 수 있어야 한다.

식당이 음식 맛에서 승부를 내는 업종이라는 걸 감안하면 가게에 재투자하는 것도 중요하다. 재투자한다고 하면 리모델링 등 시설 투자를 생각하는 경우가 많지만, 이외에도 메뉴 개발과 음식점에서 일하는 사람에 대한 투자가 꾸준히 이뤄져야 한다. 고객에게는 종업원 한 사람의 영향력이 사장보다 훨씬 클 수 있다. 한 직장에서 근무한 직원의 경력이 2년 이상 되었다면 고객은 종업원에게도 친근함을 갖고 그 식당을 꾸준히 찾는다.

인테리어의 변화 주기는 보통 2년에서 5년 사이가 적당하다. 이 기간에 발생한 수익 중 일부를 적립해놓았다가 적절한 시기에 인테리어를 정비해두는 것이 좋다.

음식점을 운영하는 다른 가게 사장과의 교류도 빼놓지 말자. 현재의 성공에 안주하지 말고 인테리어 정보를 꾸준히 얻고, 홍보 전략이나 마케팅 방법에 대해서도 공부해야 한다. 자신의 멘토 역할을 해줄 만한 음식점 선배가 있다면 경영에서 맞닥뜨

한 매장에서 여러 가지 메뉴를 동시에 취급해서는 안 된다.

리는 문제에 답을 얻을 수 있다.

고객에게 특별한 음식을 제공하라

음식점의 경쟁력은 고객에게 제공되는 메뉴의 맛과 서비스에 의해 좌우된다. 우리 가게에서만 맛볼 수 있는 질 좋은 메뉴와 소박하고 정감 있는 말투, 어떤 상황에서도 고객의 입장을 배려하는 태도는 음식점의 수준을 높이는 방법이다.

어느 음식점에 가도 먹을 수 있는 메뉴라면 경쟁력이 없다. 우리 가게에 와야만 맛볼 수 있는 정도의 수준 높은 맛과 서비스를 제공할 수 없다면 메뉴 경쟁력을 다시 생각해봐야 한다.

메뉴 경쟁력을 높인다고 해서 새로운 음식을 만들라는 얘기는 아니다. 기존에 있던 메뉴라도 새로운 방식으로 특화시키는 것도 방법이다. 예를 들어 한우 고기를 연탄불에 구워준다든지, 칼국수와 고기를 함께 제공하는 방법 등으로 기존 메뉴에 새롭게 접근하는 것이다. 이때 중요한 것은 한 매장에서 여러 가지 메뉴를 동시에 취급해서는 안 된다는 것. 특정 메뉴로 전문화된 음식점이 아닌 푸드코너 같은 음식점을 좋아할 고객은 없다.

매장을 꾸준히 업그레이드 하라

매장 간판은 획일화된 소재나 스타일을 최대한 피하는 게 좋다. 간판 디자인이 과도하면 식당의 수준이 떨어진다. 주목성이 높으면서 보는 이에게 즐거움을 줄 수 있어야 한다. 가게의 특징을 잘 드러내면서 주변 환경과도 어울리는 간판이면 좋다.

간판뿐만 아니라 매장 외관 역시 타 업소와 차별화를 두면서 주변 환경과 적절하게 조화를 이루면 고객이 호감을 갖는 매장이 된다. 매장 내부는 인테리어를 해치지 않는 범위 내에서 정기적으로 POP를 정리할 필요가 있다.

음식점 입구에 작은 정원을 가꾸거나 특색 있는 소품을 하나쯤 놔두는 것도 좋다. 일본 음식점처럼 음식 샘플 케이스를 활용해 고객의 눈을 사로잡는 경우도 있다. 메뉴는 외국인도 쉽게 알아볼 수 있도록 음식명을 외국어로 함께 표기하고 간단한 설명을 덧붙인다.

프로모션으로 차별화하라

음식점을 홍보하는 방법은 여러 가지다. 쿠폰을 만들어 발급하거나 점심 메뉴를 할인해 매장을 알리기도 한다. 고객들의 호감을 살 수 있는 프로모션이라면 작은 이벤트라도 관계없다. 식후 디저트로 요구르트를 제공하는 것 역시 작지만 고객의 마음에 들기 위한 노력이다.

최근에는 우리나라를 찾는 외국인 관광객들도 늘어난 만큼 지역 홍보를 위한 관광 홍보물을 만들어놓는 것도 좋다. 음식점을 알리기 위해 온라인 블로그나 SNS를 활용하는 이들도 있다. 특히 SNS의 경우 음식점을 찾은 고객과 1:1로 소통할 수

음식점은 위생관리를 철저히 해야 한다.

있다는 점에서 효과적인 프로모션 수단이라고 볼 수 있다.

이밖에 음식점의 수준을 한 단계 높일 방법으로 다음의 항목을 점검해보자.

• 위생관리

냉장고는 생선류와 식육류, 채소류 및 조리된 음식을 구분해서 보관한다. 칼과 도마는 채소용과 생선용, 식육용으로 구분해 사용한다. 남은 반찬은 재사용하지 않는다.

• 시설관리

세면대를 갖춘 수세식 화장실이 있어야 한다. 화장실에는 비누와 수

음식점의 위생, 시설 등을 잘 관리해야 한다.

건, 거울이 비치돼 있으며 수건은 항상 청결하고 건조된 상태를 유지해야 한다. 화장실 바닥은 물기가 고여 있지 않고 청결해야 하며 악취가 없어야 한다.

• **음식물 분리**

반찬 수를 최소화하고 남기지 않을 정도로 적정량을 제공한다. 남은 음식물은 고객이 원하면 포장을 해준다. 가급적 일회용품 사용을 줄이고 고기 절단용 가위는 식당 전용 가위를 쓴다. 매장 내에 금연표시를 해두고 음식물을 남기지 말라는 안내문을 비치해 음식문화 개선을 위해 노력한다. 사장과 종업원의 옷차림은 늘 청결해야 하며, 가격표는 손님이 잘 볼 수 있는 곳에 두고 관리한다.

- **부대시설 관리**

  대중교통 등을 이용해 음식점에 접근하기 편리해야 한다. 음식점 내부
  는 냉·난방을 비롯해 습도가 쾌적하게 유지되어야 한다. 매장 내에서
  손님의 동선이 최소화 되어야 하며 손님의 편의성을 확보하고 어린이와
  노약자를 배려하는 공간이 되어야 한다. 주차공간이 충분해야 하며 주
  차가 편리해야 한다.

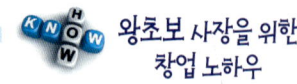
창업 자금이 부족할 때 어디서 대출받지?

음식점을 창업할 때 창업주의 자금으로는 충당이 안 될 수 있다. 창업자금이 부족할 때는 소상공인지원센터나 신용보증기금 등에서 대출을 받는 것도 방법이다. 기관별 대출제도를 잘 활용하면 창업교육을 받으면서 저리로 돈을 빌릴 수 있는 혜택이 있다. 절차가 다소 복잡하고 까다롭긴 하지만 저리 융자를 노리는 이들이라면 한 번쯤 상담을 받아보자.

1. 소상공인지원센터

소상공인지원센터에서 주관하는 창업교육을 이수한 사람과 컨설팅을 받은 사람으로서, 5인 미만인 사업장의 사업주에게 대출해준다. 최대 5000만 원까지 대출이 가능하다. 자세한 내용은 홈페이지(www.sbdc.or.kr)를 참조하면 된다.

2. 근로복지공단

3개월 이상 실업자로 부양가족이 있는 세대주나 실업 기간 중 창업훈련과 관련된 직종이나 국가기술자격증을 갖고 창업을 하는 경우에 한해 7000만 원에서 최대 1억 원의 창업 자금을 지원해준다.

3. 중소기업진흥공단

소상공인들에게 저리의 정책자금을 융자로 제공하는 소상공인 정책자금 제도를 운영하고 있다. 융자규모는 약 3000억 원으로 상시 근로자 수 10민 미만인 소상공인이면 누구나 신청가능하다. 시설자금을 비롯해 기업경영에 필요한 운전자금을 모두 빌릴 수 있다. 정책자금 기준금리에서 0.4% 가산된 금리가 적용된다. 자세한 내용은 홈페이지(www.sbc.or.kr)를 참조하면 된다.

1. 여러 가지 메뉴를 산만하게 늘어놓는 것도 좋지 않다. 고객은 음식점에서 주력으로 내세운 메뉴를 먹으러 왔는데 '우리 집은 다 맛있다'는 식으로 설명하면 '잘하는 음식이 하나도 없다'라고 말하는 것과 마찬가지다. 모든 메뉴가 맛있다고 해놓고 정작 음식이 나왔을 때 고객이 실망한다면 고객은 두 번 다시 그 음식점에 가지 않는다.

2. 음식점을 경영할 때는 원가 분석이 필수다. 원가를 어떻게 정하느냐에 따라 매장을 운영하는 데 필요한 비용을 따져볼 수 있다. 원가 요인에는 재료비, 인건비, 시설사용료 등이 있으며 가게 임대 보증금, 전기료, 가스료도 원가에 포함된다. 숨어 있는 감가상각비도 고려해야 한다. 시설이나 장비를 일정 기간 사용하면 소모되거나 낡아서 새로 구입해야 하기 때문이다.

3. 음식점은 음식 맛이 생명이지만 고객과의 친근한 관계 역시 무시할 수 없는 요소다. 단골손님을 만들기 위해서는 고객의 이름과 직업, 이미지를 기억해두었다가 고객이 가게를 방문했을 때 이를 아는체해야 한다. 단골손님의 리스트를 별도로 만들어놓고 관리하는 것도 방법이다. 식당을 방문한 고객이 적어둔 메일주소와 전화번호를 이용해 이벤트나 할인 정보를 수시로 안내하는 것도 좋다. 어떤 식당이든지 단골손님만 제대로 확보해도 안정적인 매출을 올릴 수 있다.

처음 시작하는 사람들을 위한
인터넷 개인무역 소자본 창업 쉽게 배우기
박평호 지음 | 332쪽 | 16,000원

인터넷으로 개인무역 창업을 시작하는 이들을 위한 '거의 모든 정보'를 담았다. 개인 수출입 무역을 시작할 때 필요한 준비과정, 팔릴만한 수입상품을 고르는 법과 이를 국내에서 판매하는 방법, 그리고 외국의 오픈마켓에서 판매하는 방법과 가장 많은 클레임이 생기는 상품배송에 관한 모든 정보를 수록했다. 마지막으로는 경험과 자금이 쌓인 후 대량의 수출입 무역은 어떻게 할 수 있는지와 세관 및 관세 등의 문제를 정리했다.

처음 시작하는 사람들을 위한
개인창업&법인창업 쉽게 배우기
박평호 지음 | 308쪽 | 16,000원

초보자라면 쉽게 얻을 수 없는, 그러나 창업에 꼭 필요한 모든 정보를 담았다. 사업자등록은 어떻게 하는지, 개인사업과 법인사업 중 어떤 것이 유리한지, 사업계획은 어떻게 세워야 하는지, 세금 신고는 어떻게 해야 하는지 등 사업체 운영에 필요한 각종 정보를 쉽게 파악할 수 있도록 구성되어 있다.

양육과 창업, 두 마리 토끼를 완벽하게 잡는 법
애 키우는 엄마들을 위한 소자본 창업 쉽게 배우기
박평호 지음 | 320쪽 | 16,500원

'애 키우는 엄마들이 소자본으로 창업할 때 꼭 봐야 할 책'이다. 나에게 맞는 업종 선택부터 재능별, 금액별, 형태별 등 다양한 형태의 소자본 창업을 소개하고 그에 따른 준비과정과 실전 창업 과정까지 꼼꼼하게 소개했다. 수백 컷의 만화와 일러스트가 본문의 이해를 더욱 쉽게 돕고 있다.

5000만 원으로 잘나가는
옷가게 창업하기
한국창업컨텐츠연구소(KSCP) 지음
13,000원

5000만 원으로 잘나가는
네일숍 창업하기
한국창업컨텐츠연구소(KSCP) 지음
13,000원

5000만 원으로 잘나가는
펫숍 창업하기
한국창업컨텐츠연구소(KSCP) 지음
13,000원

5000만 원으로 잘나가는
카페형베이커리 창업하기
한국창업컨텐츠연구소(KSCP) 지음 : 13,000원

5000만 원으로 트렌디한
음식점 창업하기
한국창업컨텐츠연구소(KSCP) · 김영보 지음
13,000원

5000만 원으로 트렌디한
주점&BAR 창업하기
한국창업컨텐츠연구소(KSCP) 지음
13,000원

이 시리즈는 적은 자본으로 시작해 기반을 잡고 안정적인 매출을 올리는 가게와 점주를 심층 취재해 그들만의 노하우와 비결을 꼼꼼하게 정리했다. 상권분석, 매출구조, 상품진열, 매장구조, 재무관리 등 꼭 필요한 알짜배기 정보들을 한눈에 파악할 수 있다. 또한 풍부한 현장 사진과 매장구조도 등의 삽화가 예비 창업자의 이해를 세심하게 돕고 있다.

5000만 원으로 트렌디한
음식점 창업하기

1판 1쇄 인쇄 | 2014년 10월 10일
1판 1쇄 발행 | 2014년 10월 15일

지은이 한국창업컨텐츠연구소(KSCP)·김영보
펴낸이 김기옥

프로젝트 디렉터 기획1팀 모민원, 권오준
영업 박진모
경영지원 고광현, 이봉주, 김형식, 임민진

디자인 네오북
인쇄 서정문화인쇄 | **제본** 서정바인텍

펴낸곳 한스미디어(한즈미디어(주))
주소 우편번호 121-839 서울특별시 마포구 양화로 11길 13 (서교동, 강원빌딩5층)
전화 02-707-0337 | **팩스** 02-707-0198 | **홈페이지** www.hansmedia.com
출판신고번호 제 313-2003-227호 | **신고일자** 2003년 6월 25일

ISBN 978-89-5975-747-3 13320